OHSAMA BUNKO

「しんどい心」がラクになる本

きい
ゆうきゆう［監修］

JN132321

三笠書房

生きづらい人は
「考え方にクセ」があるだけ。
キミは1ミリも悪くないよ！

プロローグ

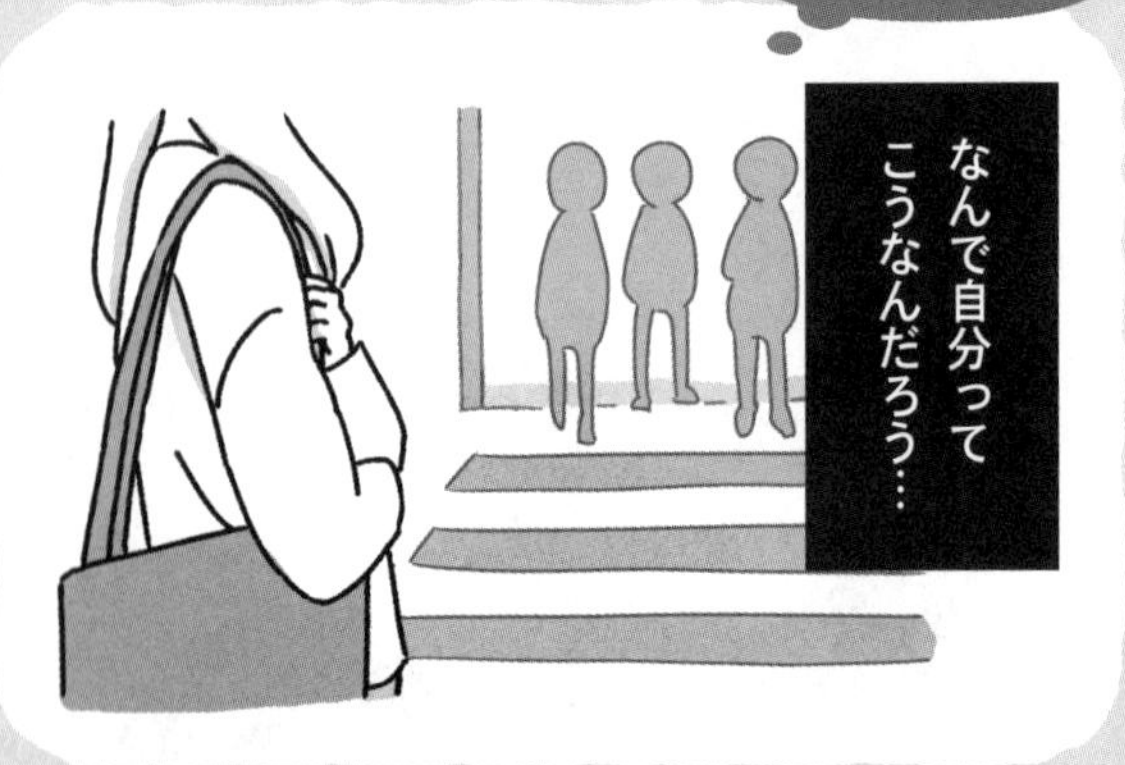
なんで自分って
こうなんだろう…

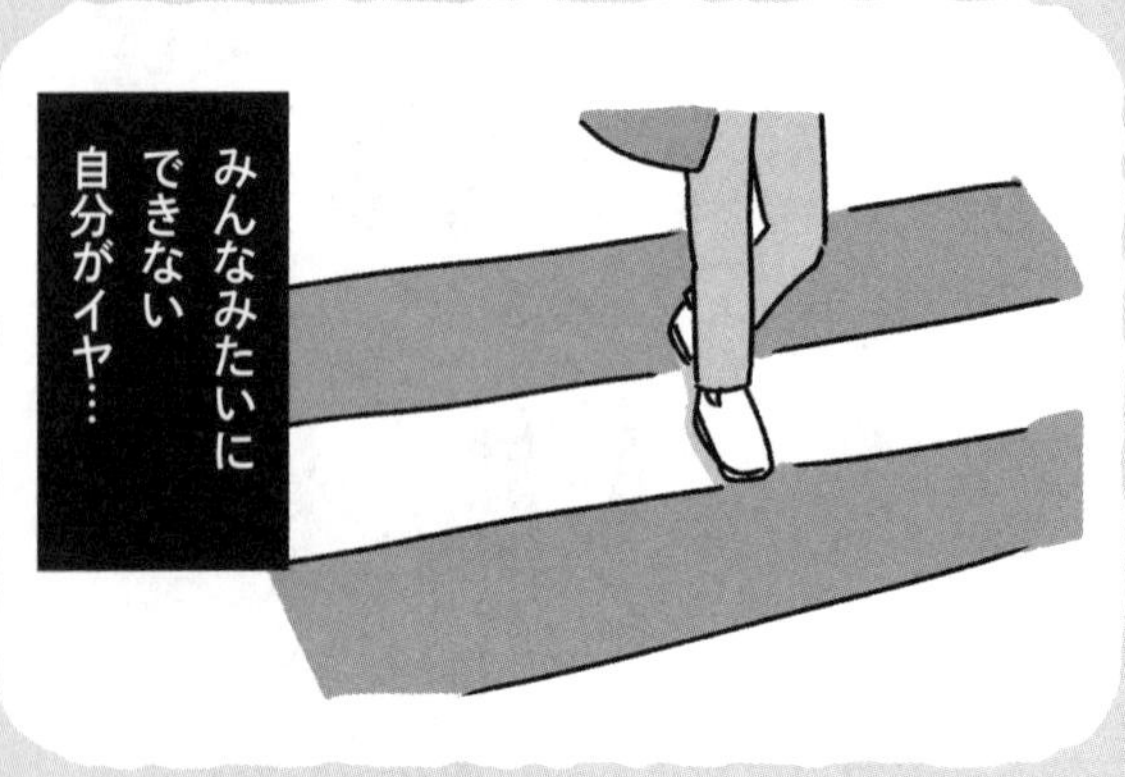
みんなみたいに
できない
自分がイヤ…

こんなの
人としておかしい…
本当に恥ずかしい…

ガチャ
結局…
自分が悪いんだ…

ねぇねぇ
君だけじゃないよ

ビックリするほど
仲間がいるから
大丈夫

僕は 化けて人間に
なりたかったけど
"たぬ"です
大変そうだったから
やめちゃった
たぬきです

でも
人間が好きだから
人間がちょっとでも
楽しく笑って
生きてくれるように
たくさん勉強したの！

僕が会ってきた人
一緒に見てみよう
気づくことが
あるかもしれないよ

はじめに

「自分を助ける勇気」を後押しする本

「こんな悩み、私だけかもしれない……」

そう考えて、多くの人が心の問題を抱え込んだまま、毎日を過ごしています。

もし、ずっと気にしている悩みを人に打ち明けて、そっけなく返されてしまったら……?

これ以上のダメージに耐えられず、自分が壊れてしまいそうだと思ってますます打ち明けられなくなるでしょう。

けれども現実には、日本ではおよそ五人に一人が生涯に一度、心の病気を経験するといわれています。私もそのうちの一人でした。

「ネガティブ思考」が強すぎるあまり、しょっちゅう悩んで苦しんで……。そんな自分を変えようと、「心」について学んでいくうちに、**たくさんの人が大なり小なり「共通の見えない悩み」を抱えている**ことを知ったのです。

「自分を好きになれない……」
「人との距離感がわからない……」
「みんなみたいになれたらいいのに……」

この本を手にしたあなたも、同じように悩むことがあるのではないでしょうか。もしそうだとしたら、本書から気づきと改善のヒントを受け取ってほしいと思います。

ここでいう〝気づき〟とは、**「私だけじゃなかったんだ」という安心感**。それから、**「今の私を言葉で表わすと、こういうことだ」という発見**です。

そして改善のヒントとは、**あなたにとっての「新しい考え方」「意識の仕方」「行動の工夫」**を指します。

これらが、あなた自身を助ける勇気の後押しになれば幸いです。

本書では五五項目の陥りやすい「苦しい心の状態」をセレクトしました。

人は、悩むとどうしても視野が限定されてしまい、習慣になっている思考や行動パターンにハマりがちです。

マンガやイラストと共にさっと確認できるようにまとめましたので、困ったときに本書を使って、あなたのしんどさをやわらげるのにお役立ていただけたら嬉しいです。

きい

もくじ

1章　「ほどほどでいい」と思えたらラクになる

……「気持ちをゆるめる」考え方のコツ

2章

もっと「自分本位」に生きてみる
……他人のことを「放っておく」「気にしない」練習

3章 無理して「好かれる」必要はない
……「自分を褒めて、信じて、進む」ことが大事

4章

「思い込み」を一つずつ手放していく

……もっと「生きやすくなる」考え方、心の持ち方

5章

人生に「新しい展開」を起こそう

……「よく頑張ってきた自分」にねぎらいとエールを

本文イラストレーション◎きい

1章

「ほどほどでいい」と思えたらラクになる

……「気持ちをゆるめる」考え方のコツ

CHECK!

「苦しい完璧主義の人」の特徴

「できることを増やしたい、質を高めたい」――その意欲は守りたい才能です。

人からの信頼や評価が得られますし、その才能が生かされる環境ならとてもいいです。ただ、100%完璧にできないと落ち込んでしまうとしたら苦しいし、つらいですよね。

完璧にしたいのは、拒絶される恐怖の裏返しです。完璧主義な自分を客観的に見つめてみましょう。

適当が苦手
欠点・弱点は敵
ダメ出しが
止まらない
些細《ささい》なことが
気になって
仕方ない
100%
できないなら
やらない

やり始める前から
ハードルが高い
非現実的な
ノルマを課す
←幻想
理想が高い
←現実
低評価が怖い
なかなか
始められない

理想と比較して
できないことや
足りないことに
意識が向く
一人反省会
が長い
理想→
自信を
なくす
現実→
やった「けど」
できた「でも」
の否定で全部
ダメな気になる
恥ずかしさや
嫌悪感が
あとを引く

CHECK LIST

しんどいをラクにする方法

□ すぐにできない自分にも価値があると知る ⬇ 48ページ

□ 白黒つけなくてもいい ⬇ 46ページ

□ 思いのままマイペースに行動する ⬇ 44ページ

□「挑戦しようとしている自分」を褒《ほ》める ⬇ 40ページ

□ 気になることはすべて書き出してみる ⬇ 50ページ

□ 人のいいところに目を向けて褒める ⬇ 42ページ

PERSONAL TYPE

01

イライラしやすい人

「お礼をするのが普通なのに、しないなんて失礼な人！」

「こんなことするなんて信じられない」

など、〝イラッ〟とすることは誰にでもありますよね。それが日常的に起こり、次から次にイライラしてしまう。そうなると、とても苦しいです。

ですから、怒りがピキッと走ったら、そのイラッについてちょっと考えてみてほしいのです。


「普通はこう」。その「普通」は「私の普通」、ではないでしょうか？


「私の普通」「私の見解」を当てはめてみると、その通りのことをできない、やらない人もいます。

できない人がいても、やらない人がいてもOKなんです。もちろん、できない自分、やらない自分がいてもいいんです。


ちゃんとしなくてもいい。言うことを聞かなくてもいい。

やさしくできなくてもいい。わからなくてもいい。イライラしてもいい。


……絶対にやらなきゃ、はありません。

一つ、こんな捉え方をすることができます。

「イライラしやすい人は、自分を枠の中に押し込めてきた人」

家庭や集団生活、まわりの環境の中でうまくやっていくために、「私はこうしよう」「こうしないでおこう」ということを学習してきた人です。

自分をしばっているルールがたくさんあるのは、「これに従っていれば大丈夫」という、安心できる正しさがほしかっただけなのかもしれません。

ずっと、「〜すべき」「〜しちゃいけない」と、ルールを守って頑張ってきたんですよね。

それがいつの間にか、「こうするのが当然で、絶対にいいことだ」「あの人は、どうしてできないの?」と、自分や人の選択に睨《にら》みを利かせて見張るようになってしまったのではないでしょうか。

イライラして人を責めて、自己嫌悪にかられて自分を責めて……。他責と自責のループで苦しむ……。こんな泥沼に沈むことは避けてほしいと願います。

自分の物差しと考え方に則《のっと》って、人に裁きの目を向けて不機嫌になってしまうのは、大切な人生の時間が台無しです。

そんなときは、反対に、こう考えることもできます。

イラッとした他人の「部分」に自分ルールが発動しているんだな、これは自分を発見するチャンスだ！ と。

たとえば、人から感謝をされなくてイラッとしたら、「私は自分が感謝することを頑張っているから、人にも感謝してほしいんだなぁ……」というように。

気がついたら、「そこにこだわってよく頑張ってるんだなぁ、私」「これまでも頑張ってきたんだなぁ」と自分をねぎらってください。

怒っている自分に思いやりと共感を持つことで、腹の虫もおさまってきます。

そうして余裕ができると、イラッとした他人の「部分」をスルーするのか、相手に伝えるのかを選択しやすくなります。

厳しすぎるルールをゆるめよう

PERSONAL TYPE 02

相手が「思い通りにならなくて」腹が立つ人

××ちゃんから
返信がこない…
不安になるのに
なんでわかって
くれないの？
既読
伝えたから
わかったはず
なんだけど…
言えたの
素晴らしいね
☆別の日
あれから
電話がかかって
くるようになったの
やったー！
よかったじゃん
私がほしいのは
返信なの！
君も
なかなか
変わら
ないね
!!

自分の思いを他人に伝えることはできますが、思いが伝わったからといって、自分の言うことを他人がなんでも聞いてくれるわけではないですよね。

そうとはわかっていても、「このくらい、なんでしてくれないの？」「私のことが大切なら努力するでしょ!!」と、怒りが湧いてくることはありませんか。

人が自分の思い通りにならなくて腹が立つタイプは、**自分が誰かの思い通りになってきた人が多い**です。

期待に応えるように、怒られないように合わせることを優先して平穏を保ってきた。だから、自分以外の誰かが意思のまま、気持ちのままに行動することに対して、「そうじゃない」と腹が立ってしまうのです。

人に合わせてきたそんな自分を見つけたら……まずは自分に「お疲れさま」と言いましょう。それから、他人に思いを伝えて、相手を信じて待つことや相手のスタイルを受け入れるようにしてみてください。

コミュニケーションの本来の目的は〝人に勝つこと〟ではないはずですから。

誰かに「合わせてきた自分」に気づく

PERSONAL TYPE 03

好きな人や友達に「甘えられない」人

「我慢して偉いね」「いつもしっかりしてるね」「頼りになって助かるわ」「大人になったね」。こういった風《ふう》に褒められると、小さな頃は嬉しかった。だから、当然、自分一人でやるのがいいことで、優れていることだと思い込んでしまっているということはありませんか？（長女の人・子どもの自分から見て、お母さんが大変そうだった人が特に当てはまります）

そうして大丈夫じゃないときも堪《た》えてきたんですよね……。本当はもっと甘えたかった、守ってほしかったのかもしれません。大人になってからは、甘えてくる子どもを苦手に思う人もいることでしょう。

一人で頑張る習慣が染みついていると、あなたを助けたいと思っていて、力もある頼れる相手がいたとしても、独力でなんとかすることを無意識に選んでしまう。

本来は、ケースバイケース。**「ちょっと聞いて」「協力して」「お願い」と言っていい**のです。人にも役立つチャンスをあげてください。

そして日常で「ごめんなさい」よりも「ありがとう」が増えてほしいと思います。

人の力を頼ってみる

PERSONAL TYPE 04

次から次に「自分を責める」人

悩む人の共通点は「今の自分を否定している」ということです。自分が決めた合格ラインに届かないところを見つけて、指摘するクセがついているんですよね……。

どうして自分を否定してしまうかというと、自分が描いた「こうなりたい」「こうなるのがいいなぁ」という理想があるから。向上心や責任感がある人ともいえます。

望みを持つのは前向きですし、「こうなりたいな」くらいだったら人は悩みません。しかし、自分を奮い立たせるために、「こうならなきゃダメ」「失敗しては生きる価値がない」くらいに厳しく自分に対して変化を求めます。けれど、「成長のために責める」というやり方はしんどいです。

しかも残念ながら、自己否定は行動を止める原因となり、反対に成長を遅らせます。だから自分を責めるやり方はやめていきましょう。

第一に**「責めなくていい」と知っておく**こと。完璧主義のあなたは責めるときも容赦ない（妥協しない）ですから、自分を責めそうなときはこのことを思い出してください。

「そのままの私でもいい」ことを思い出す

PERSONAL TYPE
05
つい、強がってしまう人

わかります
ですよね
こうしておけば人間関係平和！うまくいく…
わからない
教えてください
おう…これがこうでやな…
え…
言っていいんだ
でも…お前こんなことも知らないの？とか否定されるかも…
正直な君とムリとウソを続ける君と未来どっちがいい？
OK
ごめんなさい私にも教えてください
怖いのわかるよー

「わかります（本当はわからないのに）」「いいよ（本当はあまりよくないのに）」「できます（本当はできない可能性が高いのに）」「大丈夫（本当は大丈夫じゃないのに）」。
強がりな人は、このような反応がクセです。〝ない〟ことは「自分の弱点」だと捉えて、知られるのが怖いのですよね。もしかしたら、はみ出したくなくて、おかしいと思われたくなくて、ずっと頑張ってきたのかもしれません。

このパーフェクトに見せたい強がりは、拒絶される恐怖の裏返しです。そこには、「見放さないで」「仲間でいさせて」という弱気な本心があります。

自らプレッシャーをかけるのは悪いとはいえませんが、強がったことで自分の首を絞《し》めたり、トラブルになって人との関係を悪くしたりするのは本末転倒ですよね。

本当に努力不足なら「不勉強ですみません」と謝ればいいし、「大丈夫じゃない」と言ってもいいんです。

まずは、恥ずかしくても伝えることを試す。そしてもし、装った自分しか受け入れてもらえない環境なら、逃げた方がいいです。

現実を「そのまま受け入れられる人」は強い

PERSONAL TYPE

06

「けど」「でも」で0点になる人

予定通り参加できた
ありがとう
いいえー
けど 気配りできなかった
楽しかった
今日はありがとうまたねーー
あ ありがとうございました
でも自分から挨拶できなかった
今日も
できないことだらけだったな
そう？
予定通り行けた○
楽しいと思った○
人のいいところ見つけた○
できた
無事に一日終えた○
十分だよ！

「けど」「でも」の否定で、まるで全部ダメだったかのような気持ちになる人がいます。

「今日楽しかった。けど、自分ばっかり喋《しゃべ》りすぎたな……」「やってみた。でも、結局うまくいかなかったし……」というように。

「これしかできなかった」の中には、「これはできた」という事実があります。結果的にうまくいかなかったとしても、その中には挑戦した事実があります。

仮に「いいことが何もなかった」としても、その中で「イヤなことがわかった」し、「乗り越えることができた」。もちろん、反省してもいい。そのときはポジティブなことにも目を向けましょう。

「肯定的な面を見つけたら、ポイントを獲得してレベルアップ！」というように、私はゲーム感覚でいると続けることができました。

「こんなことも肯定的に捉えていいんですか？」——いいんです。どれだけ些細に思えても、それは「誰にでもできて当たり前」なことではありません。

「できて当たり前」なことなんて何もない

PERSONAL TYPE

07

いいところを見つけられない人

私みたいな性格は「八方美人」っていうらしいんだ
へぇー
よくないよね非常によくない…
Noが言えず誰にでもイイ顔
この力僕ほしい
「八方美人」でよかったことない？
みてみてこっち
いい印象をつくる
Noが言えず誰にでもイイ顔
年齢差ある人と喋れるかも…これ頑張ってきたからか
いい印象をつくる
Noが言えず誰にでもイイ顔
苦しくない使い方ができたらいいね

見ている面が違えば、短所も才能に変わります。注目していないから見えていないだけなんですよね。

いろいろな面を見えるようにするために、**「それが自分にとってよかったことは？」**を私はキーフレーズにしています。

たとえば、繊細でまわりを気にしすぎるなら、繊細でよかったことを考える。

私の場合、丁寧だと褒められたことがあります。「繊細」を違う面から見ると、「丁寧」といういい面に変わるのです。「人に合わせる」も「人をいたわる献身性」になると長所。ほかにも、「泣ける」のは、「感情に素直になれる」といういい面があります。

私は、ネガティブだったことで感情の幅が広くなり、同じようなタイプの人の気持ちがいくらか多めにわかるようになりました。

コインの表裏のように、**人にはポジティブ・ネガティブの両方が同居**しています。イヤな面は「悪」や「敵」ではありません。その性格の反対をのぞいてみれば、あなたのいい面に出合えるのですから。

短所が「自分にとってよかった」ことは？

PERSONAL TYPE 08

「ハードルを上げすぎ」て行動できない人

「ちゃんとしなければならない」「正しくなければならない」「すごいことをしなければならない」……。そう考えれば考えるほど、始めることができない……。

そんな完璧主義の最大の被害者は自分自身です。

最大の特徴は**「がんじがらめ」**。

行動しないから自信がつかないし、行動できたとしても理想的な高いレベルと比較するから自信が持てないという、自信喪失のダブルアタックを食らっているのです。

でも、それは自作自演。なので、自分を助けてあげてほしいと思います。

あなたは、もともと越えなくていいほど高いハードルを設定しています。だから、**意識的にハードルを下げる許可のおまじない、「〜してもいい」を使ってみて**ください。

「緊張してもいい」「空回りしてもいい」「優秀じゃなくてもいい」。

それができなくても、あなたの素晴らしさは変わりませんから。

偉大じゃなくても自分を認めてあげて、起こったらイヤなことや怖いと思うことを先に許しておけば、前に進めます。

その「ハードル」、もっと下げてみよう♪

PERSONAL TYPE 09

「絶対」「普通」「いつも」が口グセの人

絶対海外行った方がいいよ
んー俺はそうは思わないな
いつも否定的じゃない？
感想とか主観を言ってるだけだよ
普通もう少し聞いてくれるよ
それは君の基準でしょ？
そうだよ我が強いの図星だよ…
ごめん！
冗談真に受けるしムキになるの面白くてさ
突き進むとこ好きよー♪

完璧主義の人は、過剰に一般化した極端な言葉が口グセになりがちです。「絶対」「普通」「いつも」「全部」「全然」。適当や曖昧《あいまい》が苦手で白黒はっきりさせたいんですよね。

極端な思考で固めてしまうと、人や場面の違い・変化を受け入れられなかったり、うまくいっていないのに同じ行動を繰り返したりしてしまいます。

こういった口グセに気づくことや、「本当に絶対なのか？」「いつもそうなのか？」という疑う視点を持ってほしいです。

そうはいっても、使ってしまいますよね……。「絶対やめてください」や「いつもこうです」など……。

でも、それでいいんです。**「完璧主義を完璧にやめる」は無理**ですから。

「絶対」って言ったり、言わなかったり、こだわったり、こだわらなかったり。白黒つけないグレーや中間でいいんです。イメージはシマウマ。そうすると程よく「少しやわらいだ」「このくらいのことってあるよね」くらいの混ざり方になると思います。

「言葉のクセ」に気づいていますか？

PERSONAL TYPE

10

早く「答えがほしい」「結果がほしい」人

工事中かぁ…早く帰りたいのに
ツイてないなぁ…
通行止
遠回りかぁ…
あれ…こんな所にコンビニあったんだ
おでん
えー！こっちの方が品揃えいいじゃん
今まで気づかなかった
うわぁ
すごい…
いつもと違う空
回り道も悪くないかも

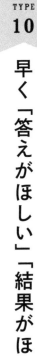

人間は、早く安心したい、ずっと幸せでいたいという思いから、何かと「これでもう大丈夫だ」という答えをほしがります。「最適の答え」「成果」を「最速」「最短」で得たい。これは「超人願望」といっていいかもしれません。

けれども、誰にとっても当てはまる完璧な答えは存在しません。結局、**自分の中にしか答えがない**んですよね。

私たちは、個人個人が「かけがえのない一個の人格」です。同時に誰もが〝ヒト〟という分類の大人数のうちの一人で「凡人」なのです。そして、みんな違っているし、特別な存在だし、それが普通です。

あなたは、ほかの人には到底真似できない力を持っています。

ときには、あせるかもしれませんし、「本当にこれでいいのかな?」「本当に合ってるかな?」と考えすぎてしまうかもしれません。本当に何が正解かなんてワカンナイですよね。大人になるとすいすい解けない問題ばかりですが、大事なのは**「よかった」を見つけること**。それが回り道であっても意味はあります。

答えはいつも「あなたの中」にあります

PERSONAL TYPE

11

「やらなきゃ」とあせる人

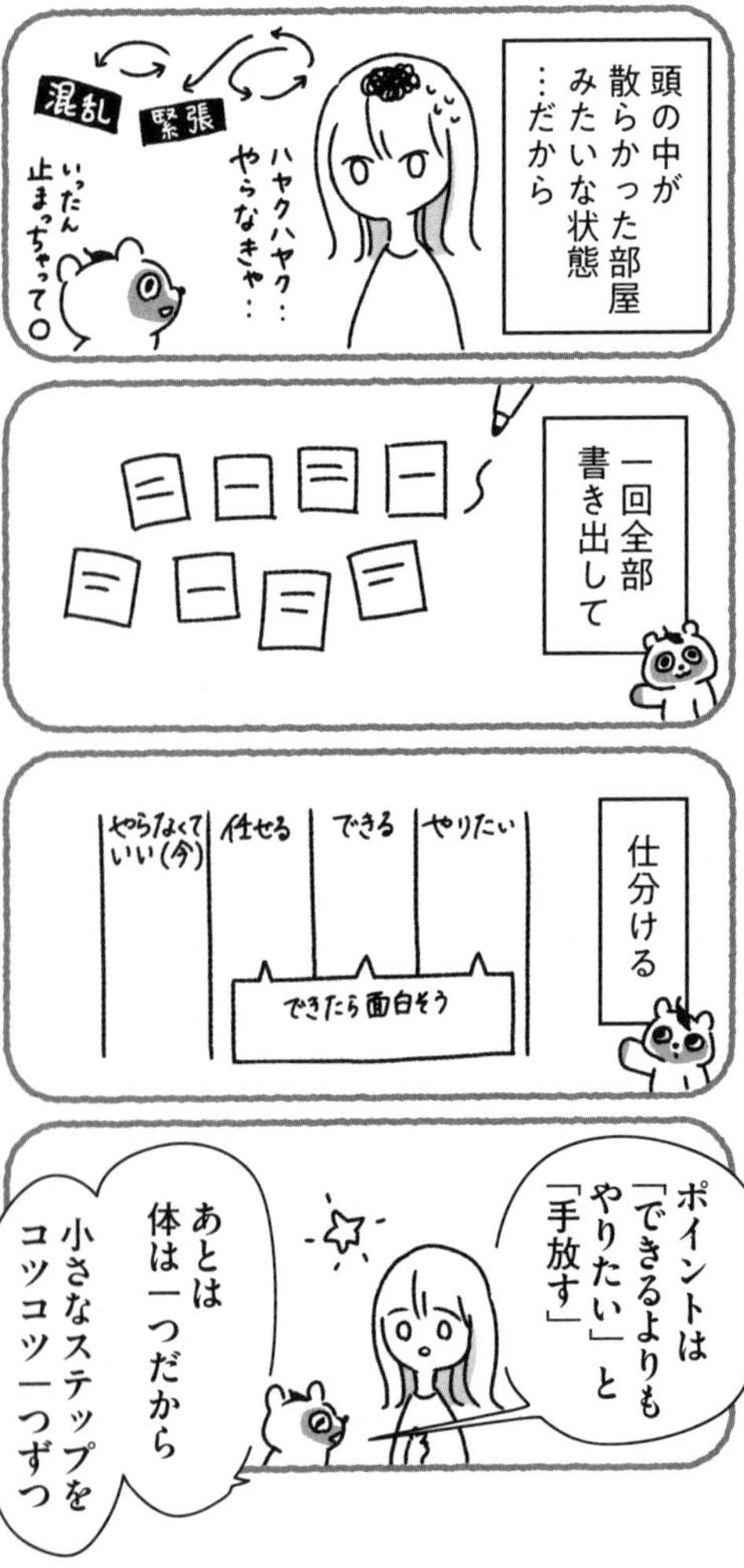
頭の中が散らかった部屋みたいな状態…だから
ハヤクハヤク…やらなきゃ…
緊張
混乱
いったん止まっちゃって○
一回全部書き出して
仕分ける
やりたい
できる
任せる
やらなくていい（今）
できたら面白そう
ポイントは「できるよりもやりたい」と「手放す」
あとは体は一つだから小さなステップをコツコツ一つずつ

「あれをやらなきゃ」「これもやらなきゃ」とあせる人がいます。「やらなきゃ」という義務感を持ちながら、不安やネガティブな状態で進むのは本当に苦しいですよね。

原因が漠然としているモヤモヤした状態だと、不安であせりは膨らみます。一つのことを考えていると、派生した考えがもう一つ二つと出てきて、余計に混乱することもあります。

まず必要なのは、**全体を見渡す**こと。だから一度、**すべて書き出して**ほしいのです。あれも、これも、小さくても気になることを全部。書いたら、自分がやりたいこと↓自分ができること↓人に任せられること↓やらなくていいことの順で自分の心に聞いてみましょう。

決められないのは、「友達がどう思うか」「お母さんがどう思うか」「世間的には」……と、他人や社会に演じさせられている自分が中心にいるから。不安で義務感いっぱいのまま進まないで、「やらなきゃ」の中身がどうなっているかをまず知る。「やらなくていいこと」を手放して、自分の意思で進むことが増えますように。

本当は、選び放題♪

Kii's Message

「心のバランス」を整える方法

私たちが現実を歪《ゆが》めて捉えたり、ネガティブに考えて悩んだりするのは、心のバランスが偏《かたよ》っていることによります。

では、その偏りをマイルドにするには、どうしたらいいのでしょうか？

私がいちばん使っている方法が、「～すべき・～しなきゃいけない」「～すべきでない・～してはいけない」に当てはまる**禁止の〈自分ルール〉を見つけて「～してもいいよ」に変える**ことです。

迷惑かけていいよ。間違っていいよ。嫌われてもいいよ。嫌っていいよ。頼っていいよ。子どもっぽくていいよ。挨拶できなくていいよ。親孝行しなくていいよ。我慢しなくていいよ。……

一度「どっちでもいい」というフラットな状態にしましょう。

そのあとで、「いい関係でいたい！」と心が思えば、「挨拶が必要だから、挨拶をしよう」と行動するのです。

目的や場面によって自分の意思で決めるのだとわかると、他人や世間の価値観にしばられて義務感でカチコチになっていた見方がゆるまり、自分や人を嫌悪することも減っていきます。

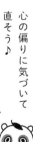

2章

もっと「自分本位」に生きてみる

……他人のことを「放っておく」「気にしない」練習

CHECK!

「自分が消えてしまう人」の特徴

人に合わせる、というのはある面ではいいことです。しかし、そのやり方をどんなときも使っていると、自己喪失に向かいます。

自分が感じる、考える、大切なことまで抑えてしまう。そうして、苦しいつらい状態に気づかないなんてことも……。客観的な視点でチェックしてみましょう。

NOと言えない
自分で
決断できない
「○○したい」
「○○してほしい」
をワガママに思う
自分が
わからない

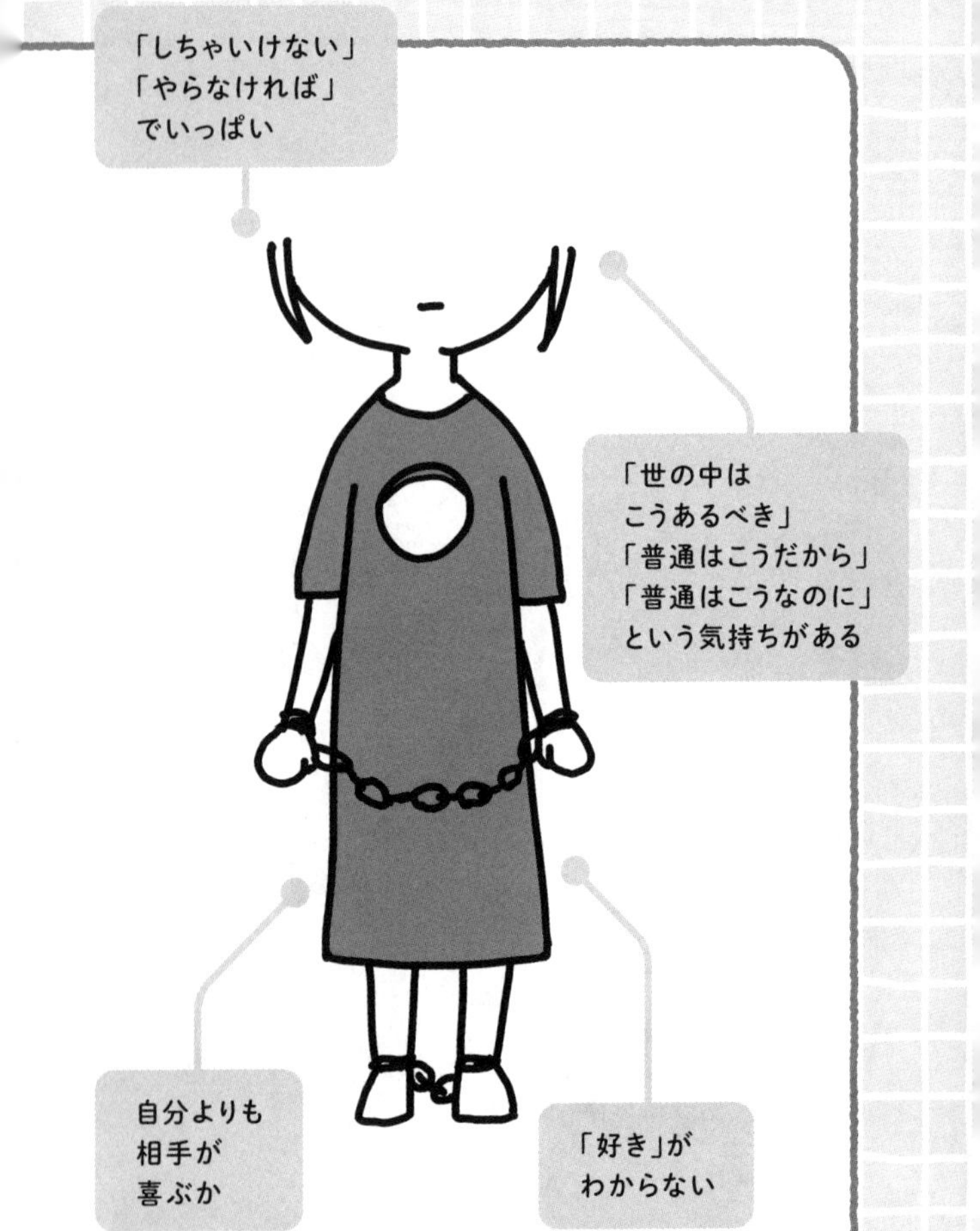
「しちゃいけない」
「やらなければ」
でいっぱい
「世の中は
こうあるべき」
「普通はこうだから」
「普通はこうなのに」
という気持ちがある
自分よりも
相手が
喜ぶか
「好き」が
わからない

人に振り回される
イメージに
振り回される
「私が
我慢すれば
すむこと」と思う
人生は
苦しい試練の
連続だと思う
怒りや恨みが
たまる

CHECK LIST

しんどいをラクにする方法

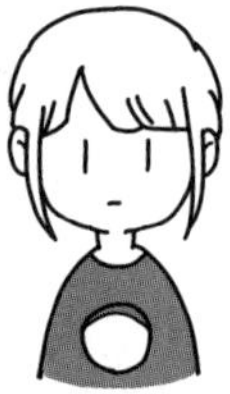

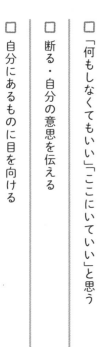

□ 自分の心が満たされることを優先する ↓ 68ページ

□ 自分にやさしくする ↓ 84ページ

□ 「みんなといつも仲良くしよう」としなくていいことを知る ↓ 78ページ

□ ありのままの自分に気がつく ↓ 86ページ

□ 「やりたくない」「どうでもいい」ことは手放す ↓ 74ページ

□ 自分自身の感覚にフォーカスする ↓ 72ページ

PERSONAL TYPE 12

なんでも「背負いすぎる」人

他人の課題に神経をすり減らして、自分がしんどくなっている人がいます。相手側の感情や意思、相手が考えるべきことを、自分ごとにして背負っていませんか。

たとえば、

・相手が楽しそうじゃないと自分のせいのように感じる
・相手が望むからと、会いたくない人でも応じる
・まわりからどう思われるかが怖くて、転職などの変化に踏み出せない
・迷惑やお節介にならないかを考えすぎる
・反対する友達が多いので、わからないけど自分が間違っているのだと思う
・子どもが宿題をやらなくて自分が恥ずかしいと思う
・相手の問題解決に必死になる

ほかの人の感情、状態、事情までも、自分ごとにして背負ってしまう人は、人間関係に疲れやすいです。

いつからか、自分の望みや願いよりも、誰かの期待やニーズをくみ取ることを優先して生きるようになったんですよね。

喜んでもらいたかった、怒られるのが怖かった、すごいね、自慢の子だよって認めてもらいたかった。あるいは、友達や恋人とずっと仲良くいたかった。

だから当たり前のように尽くして、自分よりもほかの大切な誰かを想って優先してきた。そして、別の人に対しても同じように繰り返して頑張ってきたかもしれません。

だけど、もう少し**他人を放っておいて、自分が楽しみになることを叶えてあげていいんです。**相手を優先しなかったことで、罪悪感が湧くこともあるかもしれませんが、本来いらない罪悪感です。

だってこれはあなたの人生で、あなたが主人公だから。

本来なら、**あなたの感情はあなただけのもの。あなたの行動はあなただけが決めること。**

それをまわりがどう評価するかは、あなたにはまったく関係がありません。

何が自分の課題で何が人の課題かは、**「最終的にその結果を引き受けるのは誰か？」**で決まります。

自分には、自分の感情、思考、行動、事情、好き嫌い、ペース、これまでの人生、これからの人生などがあります。

同じように他人には他人の感情、思考、行動、事情、好き嫌い、ペース、これまでの人生、これからの人生などがあります。

このことに気がついてから、私はすごく気持ちがラクになりました。

どうかあなたも、自分と人を分けられますように。そして、大切な人生を自分のものにできますように。

人それぞれ、自分が「人生の主人公」

PERSONAL TYPE

13

誰にでも「気をつかいすぎる」人

軽くつまめるものとコーヒーとお茶…買いに行かなきゃ
(内心) 今日集まるのウチじゃなくて外がよかったんだよな…
サササ…
グチグチグチ…
うんうんそうだよね…
(内心) 愚痴ばっかで聞いてたくないけど…ここでしか話せないんだよね…
君は本当に気がつくし人を喜ばせるやさしい人だけど
消耗
「自分ができる=やらなきゃ」じゃないからね！

役に立っていないと、喜ばれていないと不安になってしまうような、気をつかいすぎる人がいます。

気づかった言動によって相手が喜んだり、相手に感謝されたりすると安心。逆に、相手から期待する反応が得られないと、途端に気持ちがソワソワしてきて、「何かしなきゃ」とあせったり、落ち込んだりすることがあるかもしれません。

「気をつかわなければならない」という自分ルールが強いと、気をつかえなかった自分や人を責めるときもあります。

本当の気づかいは「いい関係でいたいという思いから、自然と出てくるやさしさ」。自然な気持ちが発端にないのに続けていると、当然、疲れます。

評価や価値集めの「エセやさしい」に一生懸命な自分がいたら、気づいてください。特に「やってあげてるのに」という恩着せがましい気づかいは即やめること。

相手が何を望んでいるかも、相手がどう思うかも〈相手の課題〉です。「人のため」をやりすぎず、自分を休めて、何もしなくても許す時間をつくってください。

気づかいは「仕事」でも「義務」でもありません

PERSONAL TYPE 14

いつでも「尽くしすぎる」人

私なんかとつき合ってくださり感謝です…
私は格下…
私を離さないでください…
やりすぎると…
やってくれるのが当たり前だよね
相手がつけ上がる場合もある
本当はキツイ… やりたくない… 傷つく… 苦しい…
気づかない人もいるけど大丈夫かな…
限界…
キレる
自分より「下」「弱い」と思う人に八つ当たり
私がダメなんだ
悪いのは私
苦しさをマヒさせようと何かにのめり込む

尽くすことは、相手のことを思って行動するという素敵なことです。そう、尽くすことは悪いことではありませんが、その動機には注目してほしいと思います。

尽くしている動機が、「心のこもった愛情」からなのか、「自信がない」「相手の特別な存在になって離したくない（＝支配欲・依存欲）」からなのか。

関係を継続する目的で、相手を自分より「上」に見て、「悪く思われたくない」「叱《しか》られたくない」と機嫌を取ろうと媚《こ》びたり服従したりする人は、やりすぎ注意。

それは**自分の意思や思いに気づかず我慢している状態**です。続けていくと、欲求不満で急にキレてしまいます。

あるいは、自分よりも「下」や「弱い」と思っている人に対して怒りが向かうことや、自分自身に怒りが向いて、自己批判や過食などにのめり込むこともあります。

こんなとき、本当はあなた自身が大切にされたい、わかってもらいたいのです。

尽くす心は報われていますか？　自分を満たすことを優先して、自分へのやさしさを大切にしてください。

疲れて消耗する関係を続けていませんか？

PERSONAL TYPE 15

「人と比べて」落ち込む人

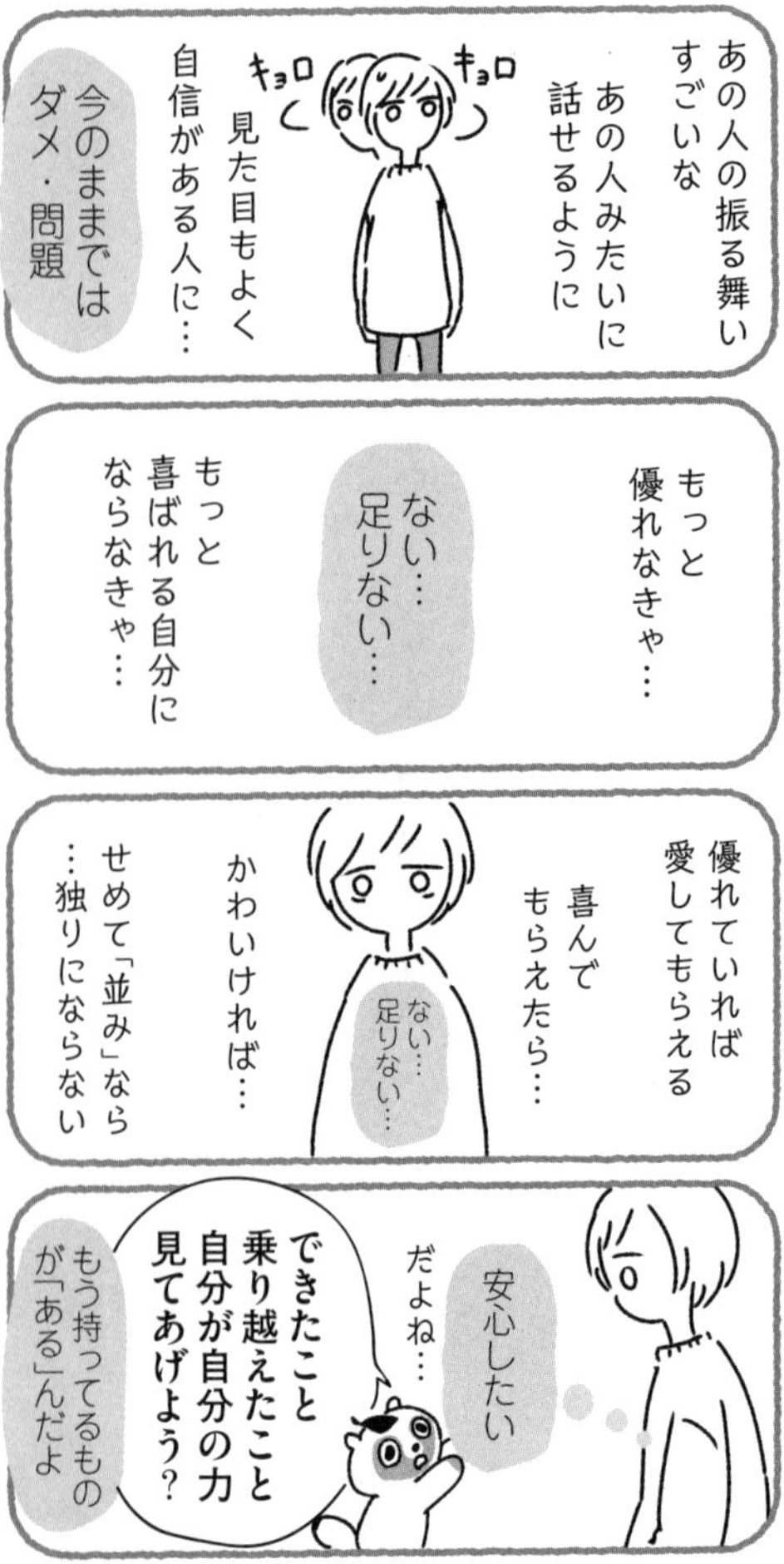
あの人の振る舞い すごいな
あの人みたいに 話せるように
キョロ
キョロ
見た目もよく
自信がある人に…
今のままではダメ・問題
もっと優れなきゃ…
ない…足りない…
もっと喜ばれる自分にならなきゃ…
優れていれば愛してもらえる
喜んでもらえたら…
ない…足りない…
かわいければ…
せめて「並み」なら…独りにならない
安心したい
だよね…
できたこと乗り越えたこと自分が自分の力見てあげよう？
もう持ってるものが「ある」んだよ

自分に自信がない人は、いつも誰かと比べて落ち込みます。「こんな私ではダメ」「よくできなければダメ」「見た目がよくないとダメ」「友達の数が少ないから、恋人がいないからダメ」「あの人みたいにならなければ……」と恐怖を持つ。

何が怖いのでしょうか。――それは、愛されないこと。

ちゃんとした人にならないと認めてもらえない、見放される、今のままでは愛されない。だからもっと認められ、愛される努力をするために「まだまだ、足りない。謙虚に」と、あえて自己満足しないようにしているのかもしれません。

その自分に対する負けず嫌いや純粋さで成果を上げたこと、喜ばれたことも実際にはあったのではないでしょうか。

思い出してみてください。それはあなたの力です。

他人は比較ではなく参考にするもの。そして、期待に応えなければ、理想に届かなければ愛してもらえないという〝愛情の条件〟になんて、もう振り回されないで。

同じ〝比べる〟なら、過去の自分と比べよう

PERSONAL TYPE 16

自分の軸がない人

私たちは
どうすればいいと思う？
「成功の保証」がほしくてたまらない
決められなくてどんどん複雑に考えて
失敗したくない…
もし失敗したら…
リスクや失敗にフォーカスするからしんどい…
自分で決めたらもう誰のせいにもできない
だからイヤだよね
僕も なんでも受け止められる心の器がほしい…
「正解かどうか」は手放そう
決意したらそのときの自分の選択を尊重して！

自分の軸がない人は、世間や人の「正解」をいつも探しています。「こういうときは何が正解かな……」と間違いを恐れるがあまり、人の顔色や空気、タイミングをうかがってはみるものの、正しかったかは、はっきりわからない。そのため、不安に振り回されます。ときには、友達に、親に、ネットにと、情報や選択肢が多すぎて混乱することもあるでしょう。

誰かの言うことをそのまま自分の考えにしてしまえば、自分は思考が停止できてラク。誰かと一緒、というのも安心。でも心は犠牲になっていて自信を失っていきます。

実際に、「自分の軸がない」ということはありません。「自分の軸を見失っている」だけで、誰にでも軸はあって、ただ自分を守る処世術として隠しているのです。

自分の中にある軸を見つけるためには、正しいかよりも楽しいか、こうすべきよりも「こうしたい」「こうなりたい」を感じること。

アドバイスを得た中からでも、決めるのは自分です。

「そのときの自分の選択が、そのときの最善」と考えましょう。後悔は不要！

自分の心に「どうしたい？」と聞いてみよう

PERSONAL TYPE 17

やりたいことが「ない」「わからない」人

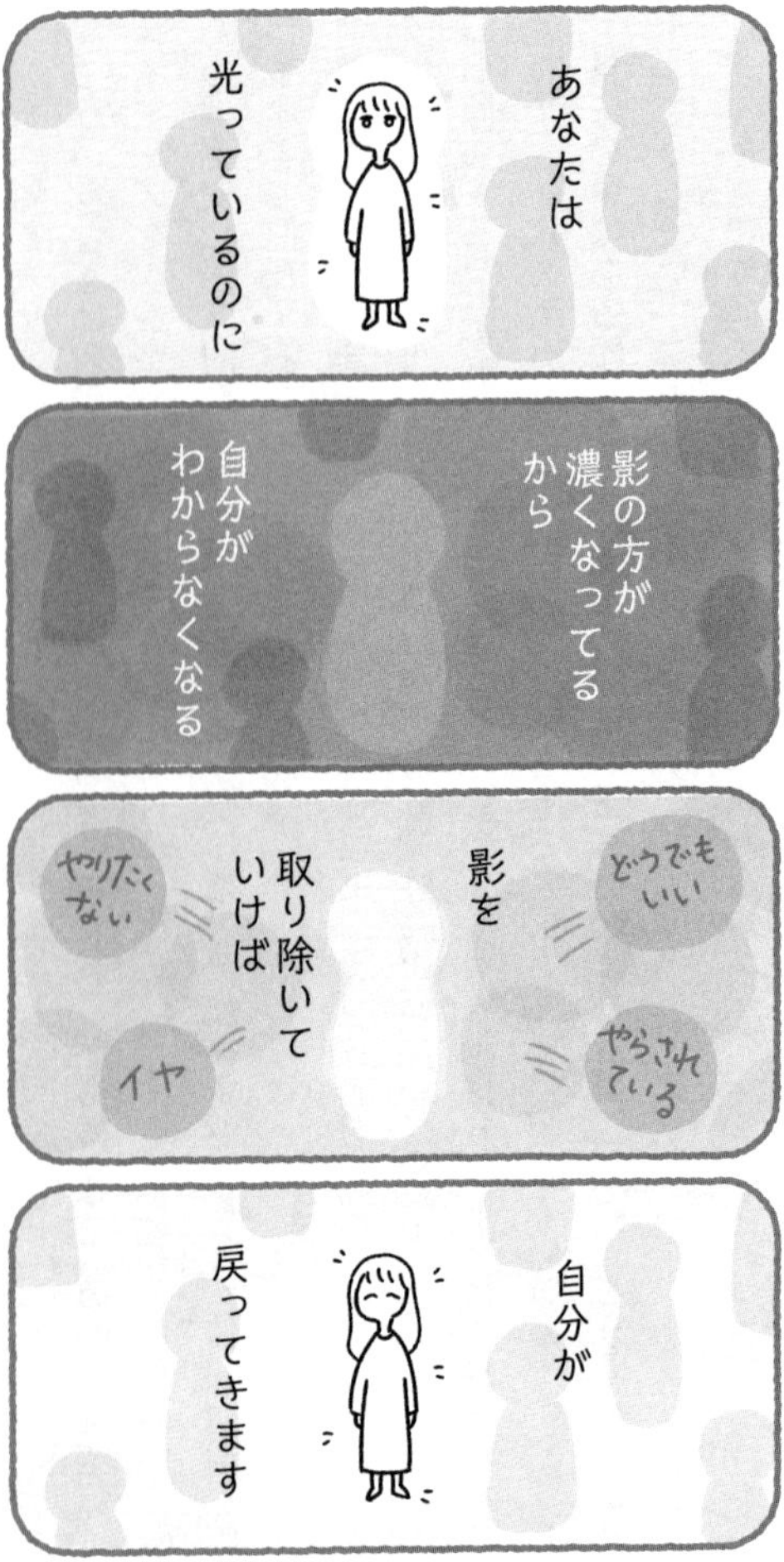
あなたは
光っているのに
影の方が濃くなってるから
自分がわからなくなる
どうでもいい
やらされている
影を
取り除いていけば
やりたくない
イヤ
自分が
戻ってきます

「人に迷惑をかけてはいけません」「みんなと同じように頑張れ」「そんなことはやめてこうしなさい」……。

人に合わせるべき、という考えは、特に学校生活で強められる傾向にあります。そして、純粋でまっすぐな人ほどその言葉を信じ、「誰かのため」に生きるようになります。

だから大人になって、「あなたはどうしたいの？」と急に聞かれても、わからないのはある意味、当然。やりたいことがないのは、あなたの落ち度ではありません。

このような背景があって、やりたいことがわからないという人は、人に合わせてしまっているがために、「やりたくないこと」「やらされていること」「どうでもいいこと」で、手いっぱいになっていることが多いです。

どうしたら「やりたい」を見つけられるのか。その方法を三つご紹介します。

1 「やりたくない」を裏返す

「今やりたいこと」ではなくて、「今やりたくないこと」を見つけてください。

「やりたくない」をやめると、「やりたい」が顔を出します。

人は誰もが自己実現の欲求を持っていますが、それはつまり、「やりたくないことをやらされて終わる人生は絶対イヤ！」という願望があるから。

ですから、「やりたくないことをやらない」ということが心を軽くしていき、同時に、夢や自分らしさの実現をもたらします。

2 「嫌いじゃないから、これでいいや」ではなく、「好きだから、これがいい」という選択の仕方を意識する

「嫌いじゃないから、これでいいや」ということは、「どうでもいいこと」です。こういったもので自分のまわりを囲んでいると、気づかないうちに力を奪われていきます。

「どうでもいいこと」は手放して、空いた時間、空いた心の余白に「好き」「これがいい」を入れてみましょう。

やってみると、気持ちのキラキラが全然、違います。そして、嬉しい・楽しいはちゃんと喜んでくださいね！　情熱や幸せを遠慮しないで。

3　自分の責任で選ぶ

「外に出なさい」「そんな格好やめなさい」。こう言ってくる他人に、大人になっても従順でいる必要はないのです。

従わないことが、最初は怖いかもしれません。ですが、親や他人のメッセージのままに生きるのではなく、「やりたいこと」を今の自分の責任で選ぶ。自立することが何より大切です。

自分で選ぶ「やりたいこと」は、些細なことでかまいません。

たとえば、今日のランチ、飲み物、インテリア、興味のある学習や興味のある場所など……。

仕事や夢にするような「生涯をかけるほどのやりたいこと」にこだわらず、上手でなくても、生産性がなくても、利益にならなくても気の向くままやってみる。

「ただこれが楽しいんです（笑）」「好きなんですよね！」というのは、それだけで精神的にハイレベルな値打ちがあるものなのです！

「やりたくない」「やらされている」「どうでもいい」を手放す

PERSONAL TYPE 18

「みんなと仲良くしなきゃ」と思う人

人生という
舞台は
自分のもの
クリエイティブ
自分が
脚本や俳優を
決めている
ようなもの
イヤな人や
イヤだった
場面のことを一日に
何回も考えてたら…
A 私 A
お前調子に乗ってるな!
(ショック…)
すみませんでした。
言う通りにやればいいんだ!
そんなに
巻き戻し再生
したら それ
大好きじゃん!
お気に入りの役者と
お気に入りの
シーンじゃん
とツッコんで
ご退場いただく
全然好きじゃない!!
登場させたい人も
シーンもこれじゃない
ゴシゴシ
全員を
大事にできないし
しなくていい

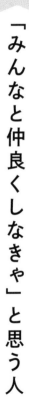

「すべての人を大切にしよう」とすることが、あなたの心を傷つけます。

私たちは「みんなと仲良くしましょう」と親や先生に言われて育ちますが、それを**きちんと守っていると、自分らしくあることは到底できない**のです。「すべての人に合わせて好かれなければ」と、他人の言動を気にして対人恐怖を抱く人もいるでしょう。

あなたをバカにする人、あなたの本音を非難する人、あなたをもののように扱って尊重しない人、「あなたのため」とコントロールしてくる人、あなたの幸せを喜ばない人、あなたの心を消耗させる人……。そういう人とは離れましょう。

あなたがつくる人生の舞台に彼らを登場させないで。ご退場いただいていいし、つき合わないでいいように逃げてください。

一方で、揉《も》めないようにと気をつかい合っている関係なら、腹を割って話し、ケンカしたあとに、リラックスした関係が始まることもあります。

「仲がいいこと＝いい関係」「近い距離＝最適な距離」とは限りません。優先してつき合いたい人など、接する相手との距離は選ぶようにしましょう。

どんなときも皆を愛せるのは「神さま、仏さま」だけ

PERSONAL TYPE 19

自分が「空っぽ」のように感じる人

楽しくない
けど笑う
納得した気が
しない
けど謝る
私にとっては
もう
習慣で
当たり前
すぎて
嘘じゃない
んです…
僕には
みんなと
いるけど
寂しい
虚しい
って
聞こえるよ?

他人に対して敏感な人は、人の気持ちはよく考えるのに、自分の気持ちには目を向けられません。そして、あるとき、ふと空虚感にさいなまれます。心にぽっかり、穴があいたような感覚。いくら頑張っても、自分がこれでいいとは思えない……。

おかしく思われないように、嫌われないように、悲しませないように……、大切にしたいから、喜んでほしいからと、いつからか「演技」が多くなってしまった。

そうして、つくって生きていくうちに、自分さえ騙《だま》せるようになって、どれがホントの自分か、自分の「好き」「楽しい」「どうしたい？」が何かわからなくなってしまったんですよね。

「認めてほしい。褒めてほしい」
「ずっと味方でいて、離れていかないで」
「ここでしか生きていけない」
「私に安心、安全をください」

そう思う気持ちが強いほど、拒絶されることが何より怖くて、本音でいいときでも素直に表現できず、気持ちを隠しているのかもしれません。

ここで一つ言わせてください。

——自分をなくしてまで、本当によく頑張ってきました。

人のために何かをすることや、演じることは「自分のため」。自分に嘘をつくことが普通になってしまったのですね。

でも、**「人の気持ちを察して気をつかう」その細やかさや従順さは、あなたの優れた才能**です。その才能が無駄づかいにならないように、「今いるそこだけが、あなたの世界じゃないよ」と、伝えておきたいです。

時間、責任、気づかい、物事の決定権など、フェアな関係でいられていますか？

一方的に与えてばかりの関係になっていませんか？

気持ちを共有して理解する話し合いはできていますか？

人が大切で大好きすぎるのかもしれませんし、嫌われる恐怖に怯《おび》えているのかもしれません。その演技がただの嘘偽りなのか、思いやりなのか、人を傷つけそうな過激な本音をやわらげようとしているのか、自分の心をチェックしてほしいと思います。

たとえ、それが気休めの嘘だとしても、あなたの大切なパーソナリティは生きているので苦しみます。

言いづらければ、「聞いてほしい……」「あなたに悪意がないのは、わかるんだけど……」「ハッキリ言うと……」「こう言ったけど、本当は私……」など、**前置きをして切り出してみる**のはどうでしょう。

自分まで騙して「空っぽ」にしないで

自分を偽って、人に気をつかって隠しているから、「人といるのに寂しい。虚しい」。

〝本当の自分〟をオープンにして自分が認めていくことで、まわりがどうであれ、自分を信じて主体的に生きていく力が高まります。

人にオープンにできないとしたら、せめて自分にだけでも。あなたは、かけがえのない一個の人格です。自分の本音に胸を張って、大事にしていいですからね。

PERSONAL TYPE 20

「自分にやさしくする方法」がわからない人

変わりたいけど「自分を大切にする」なんて教わってないし
わからない…
ナルシストみたいな？
自分大事
傲慢な人とか思われない？
本当に自信がある人は
「優越感を得たい」を目的にしてないよ
堂々としているだけ
それに自分を大切にしてるから
人のことも尊重できるんだと思うよ

自分にやさしくするとは「自分を大切にする」こと。その方法を三つご紹介します。

1　責めない――「すべて私のせい」「私が悪い」をやめる

多くのことは、〈自分の事情〉と〈人の事情〉と〈予想外の偶然〉が絡んだ「出来事」。誰がよくて誰が悪いと決められるものではありません。「悲しかったなぁ」「ショックだったなぁ」「次できることをしよう」で終わり、以上。自分を責めない。

2　受け取る――人からの褒め言葉や感謝を受け取る

人から、自分にはない視点やプラスの側面を教えてもらえます。自分のいい面を見てくれる人からの言葉はギフトですので、ちゃんと受け取ること。逆に、意見でもないけなし言葉や非難は投げつけられた石です。受け取らなくていい。

3　やりたいことをやる――やりたくないことや我慢をやめ、好きなことや楽しいことを選ぶ

そのままですが、自分の意志で選ぶこと、〈自己決定感〉が大切です。

何よりも〝自分を大切にする〟こと

Kii's Message

欠点は「直さなくても」大丈夫！

あなたは自分の欠点をイヤだと思って、直したい、苦手なことを克服したい、と思っているかもしれません。けれども**あなたの欠点は、誰かに安心と勇気を与えます。**完璧じゃないことが人間味で、個性とユーモアになるのです。

たとえば、早口言葉が言えないアナウンサー、泣くし毒づく精神科の先生、堂々と手抜きをする料理人、オチがつくれない関西人、自信がない有名女優さん、緊張屋の営業マン……。

見たり会ったり聞いたりして、私がほっとした人たちです。この人がこの人でいてくれてよかった、嬉しい、と思いました。

私は集団でいることが苦手だし、どこか抜けていて誤字脱字も多い。ただ、それを気にしていたら今のような活動はできていません。

「ありがとうございます、そんなあなたでいてくれて」

欠点を恥じたり、責めて直そうとしたりしなくていいです。それよりも、あなた自身が好きでしたいこと、長所を伸ばすことに時間と力を使ってください。

君はそのままで
十分魅力的♡

3章

無理して「好かれる」必要はない

……「自分を褒めて、信じて、進む」ことが大事

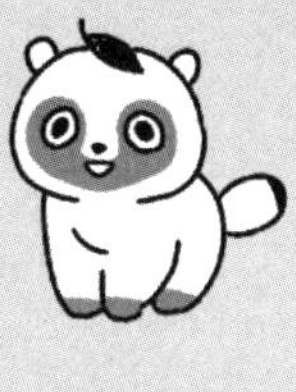

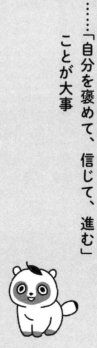

CHECK!

「認められたい気持ちが強い人」の特徴

「多くの人に認められたい」「好かれていたい」……。そんな“承認欲求”は人間のスタンダードな欲求です。適量なら健康。

ただ、「このままの私で素晴らしい」と自分で思えない人ほど、「他者に求める欲求」が膨大になり生きづらくなります。人からの感謝や賞賛をもらうことばかりにこだわっていませんか？　比較したり、否定に怯えたりしていませんか？　チェックしてみてください。

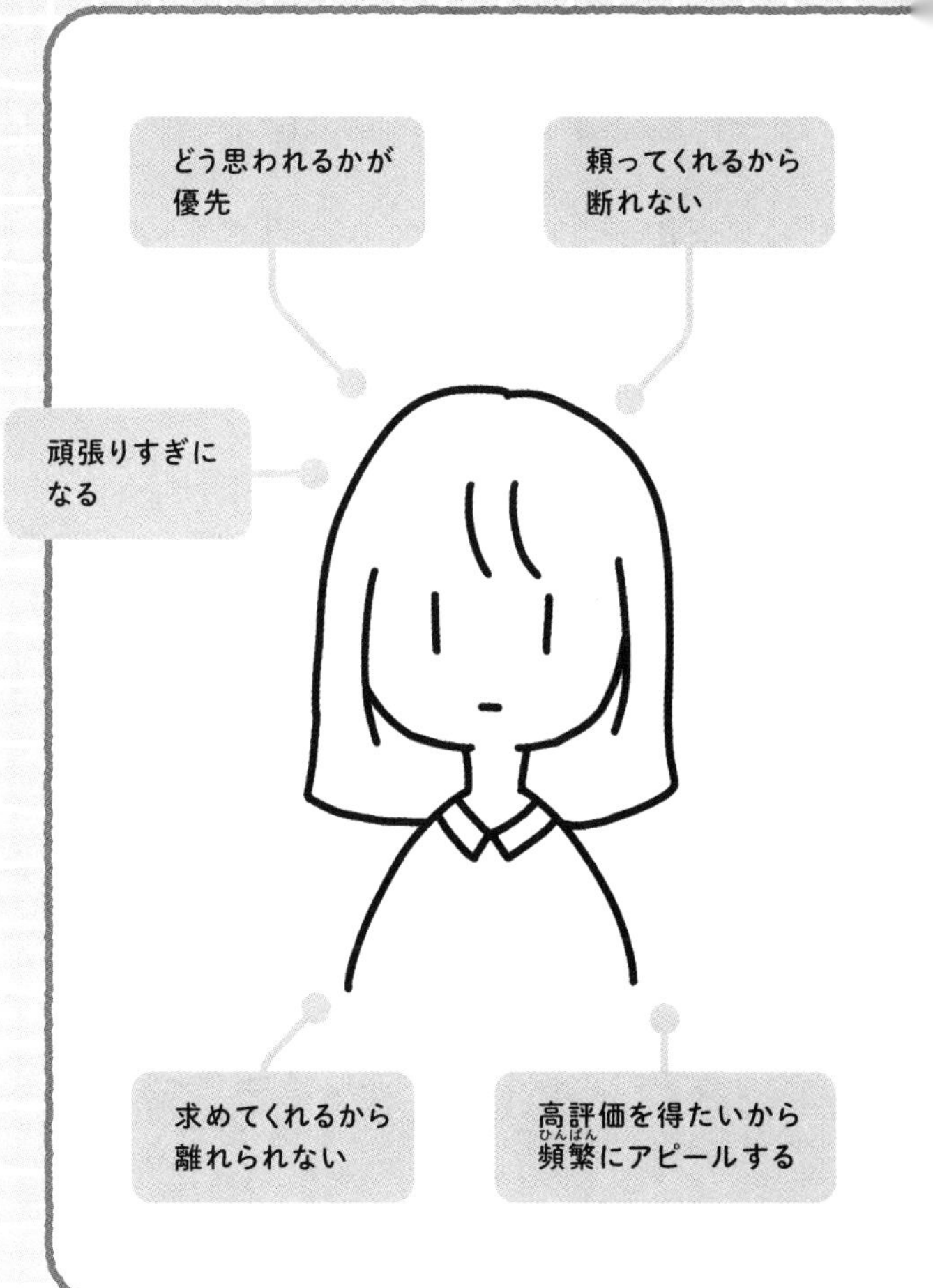
どう思われるかが
優先
頼ってくれるから
断れない
頑張りすぎに
なる
求めてくれるから
離れられない
高評価を得たいから
頻繁《ひんぱん》にアピールする

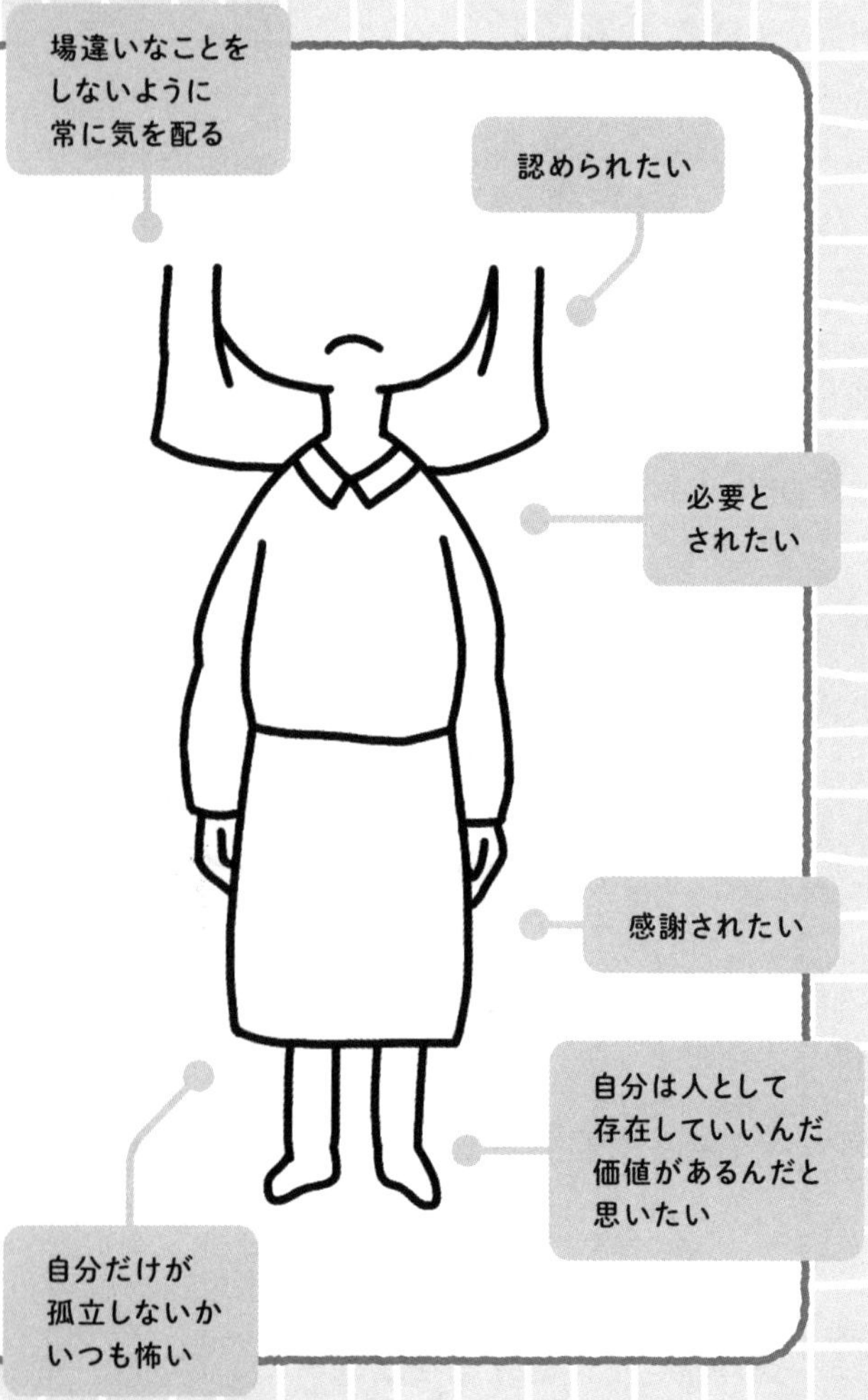
場違いなことを
しないように
常に気を配る
認められたい
必要と
されたい
感謝されたい
自分は人として
存在していいんだ
価値があるんだと
思いたい
自分だけが
孤立しないか
いつも怖い

関係が悪く
なりそうなことは
避ける
反対されないか
否定されないか
考えすぎて
動けない
自分の言動を
自分のものとして
決められない
嫌われる
ショックが
重すぎる

CHECK LIST

しんどいをラクにする方法

□ 人に必要とされるために頑張らなくてもいい ➡ 104ページ
□ 「ほどほどでもOK」だと知る ➡ 106ページ
□ 自信がない自分をよしとする ➡ 114ページ
□ 寂しさや不安を他人で埋めようとしない ➡ 108ページ
□ 最後は自分が自分にGOを出せればいい ➡ 116ページ
□ 気持ちは「分かち合う」ものだと知る ➡ 118ページ

PERSONAL
TYPE
21

「断らない」「言わない」人

それは私
できないよ
わかった
自分が断らない人
だから
断られると傷つく
また断られて
受け入れられ
なかったら…イヤだ
否定…
ズキズキ
だから
頼めない…
一人で抱える
自分の
意思を伝えて
断る人になると
それは私
いらないな
必要なら
こっちから
伝えるね
わかるのは
別に内面を
否定した
わけではない
ということ
ナルホド…
「人の都合や
事情があるだけ」
なんだ
OK

自分自身の自然な欲求や要求を「ワガママ」や「迷惑」と捉える人がいます。「自分の意見は言うべきじゃない」「こんなことで怒る私はおかしい」「言い方がわからないから黙っていよう……」。そんな風に意識が働いて、湧き上がっている気持ちを抑圧することに慣れてしまったんですね。

「口答えするな」「言うことを聞いていればいい」「お前の言うことは伝わらない、おかしい」など、かつての環境で尊重されないメッセージを受け取った。あるいは、個人的な要求を拒絶されることが多く、はみ出すと注意を受けたりして、言わない方がいいんだと学習したのかもしれません。

黙って、合わせて、自分を犠牲にして頑張ってきましたね。

「私が我慢してすむならいい」を続ける。これは苦しいです。

反対に、本音を言えないから「察してくれ」と雰囲気で伝えるのもよろしくありません。言わないと伝わらないし、相手任せのコミュニケーションになってしまいます。

自分が断ることをしないから、人に断られると傷つく。もし断られたらと思って頼むことや頼ることができない。自分をはっきり表現しないから、はっきり言われると怖かったり腹が立ったり……。そうした経験から、人と関わること自体を避ける人も多いです。

言おう。行動しよう。

自分の自由や勝手を、相手の自由や勝手を、もう一歩尊重してほしいです。「あれイヤ」「やめてほしい」「困ってるから助けて」「行かない」「やらない」「やめたい」……、悪いことじゃありませんので、コツコツ伝えることに慣れていってください。相手に日頃から感謝や承認を伝えておくと、「断り言葉」の厳しさも多少やわらぎます。

自分の望むかたちで相手の反応が返ってくるのを期待せず、まずはあくまでも自分のためにやっている（言っている）のだと考えることが大切です。

「相手に見返りを求めること」と「自分を表現すること」は分けましょう。

とはいえ、相手の反応は怖いですよね。関係を壊すかもしれないと、不安でたまらなくなるのもわかります。

それでも言わないと、相手も悪気なく繰り返す場合があります。そして自分が勝手に傷ついて、相手が悪い人に思えて、どんどんイヤになって、関係が続かないことも……。

コミュニケーションを取らないで、察し合いをするのには限界があります。空気も気持ちも目に見えないもの。正確に読めるわけがありません。「私は人の気持ちが読める人だ」と思っていたら、その自信は傲慢《ごうまん》です。

なんでもかんでも言いたい放題にやろうというわけではありません。

この項目に当てはまる人は、断ることや、意思表示をすることで人間関係と世界を広げられる人です。

「断らない・頼らない」のループから抜け出そう

PERSONAL TYPE 22

「迷惑」を気にしすぎる人

明日の朝確認してもいい？
…って連絡したい
けどな…いちいちウザイと思われるかも…
今聞くより朝に直接言った方がいいかな…
相手にとって迷惑になるかわからないのは不安だよね
でも
言葉を渡すまでが自分の課題
朝確認していい？
迷惑と捉えるかは相手の課題だよ

他人の目を気にして行動する人の多くが、「自分を優先して大事にすると、迷惑をかけたり、自分勝手になったりしませんか？」と心配します。

これは、子どもの頃から社会性と自己とのバランスを学習してきて、大好きなお母さんや友達を困らせないように頑張ってきた証《あかし》です。

けれども、社会性に寄りすぎてしまうと、自分のやりたいことが見つからない、やりたくてもしない、主体性を失った人になる可能性も出てきます。

同調と協調は違います。「迷惑」についても、自分と他人の課題を分けましょう。

具体的には、「自分で決めたことを自分でやる」ところまでが、自分の課題。それを「どう思うか」「どう反応を返すか」は、相手の課題です。

本当は、迷惑をかけてもいいんです。あとから対応することもできるのですから。

自分の内にある「やりたい！」「やめたい！」を尊重する。これまで他人を中心にして自分を隠してきた人は、その気持ちを宝物だと思っていいくらいです。

「生きている限り、迷惑をかけるのはお互いさま」

PERSONAL TYPE 23

人が離れていくショックが大きい人

昨日から3人フォロワーさん減ったんだ
数字だけど「1」は「1人」だから…
121 フォロワー
人が離れていったと思うと理由を探すし切ないよ…
人の気持ちや感覚ってわからなくて
思い通りにいかないもどかしさが心を追いつめていくよね
こう思うとどうかな…
「離れていった人は離れてもらった人」
いつかまた近づくかもしれないけど それは今じゃないんだ

ＳＮＳのフォロワー数増減に気分が左右されてしまうことや友達関係、恋人など仲がよかった人と別れて、「これでよかったのかな」と悩むことってありますよね。

私も気にしていました。相手から連絡がなくなって、一気に「他人」になった気がしたり、相手との関係が思い通りにならないことに落ち込んだり……。どう捉えたら安定した気持ちの状態が保てるかなと考えました。そんなとき、ふと気づいたんです。

「嫌われた」のではなく「嫌ってもらった」。
「離れていった」のではなく「離れてもらった」。

「ありのままの自分」で、人が離れていったのであれば、「すみません、私こういう生き物なんです」としか弁解しようがないです(笑)。タイミングとか相性とか、理由を探してもアリ地獄。**「いつかまた距離が近づくかもしれない。でもそれは今じゃない」**。そう考えると、遠ざかって親しみが薄くなることを受け止めやすくなりました。

すべてが「これでよかった」のです

PERSONAL TYPE 24

「人の役に立つこと」が生きがいの人

こういうのは早くした方がいいよ
そうだよね…でももう少し考えたくて
Aサイド
このままだとマズイよ この子のために
私が絶対なんとかしてあげなきゃ
Bサイド
こちらの問題だしタイミングがあるから
報告するまでそっとしておいてほしいな…
相手を「信じる」「ほっとく」をしてほしいな
Aサイド
Bサイド
歩調が合わないと苦しいね…

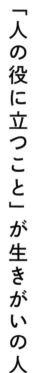

他者に貢献することは素晴らしいことです。つながった人の役に立つことは、幸福感を得る方法の一つでもあります。

ただ、感謝や賞賛、評価がほしくて頑張っているのか、自分の心が満たされたうえで援助や支援をしたいと頑張っているのか、自分の心に聞いてみてください。

「あの人のために」「私がなんとかしてあげなきゃ」「弱い人を救わなきゃ」「私がいなきゃあの人は可哀想だから」。

こんな風に誰かを助ける役回りを、プライベートや仕事の人間関係で続けていませんか？　自分で自分の存在を評価できないと、役立って、好かれて、与えて、我慢して、誰かに存在を承認してもらう必要があるんですよね。

自己評価が歪んでいると、人との境界線が曖昧になり、人のことまで自分ごとになっていきます。あなたがいくら助けたくても、こう考えるようにしてほしいです。「人は人。私は私」「あの人の人生を選ぶのはあの人」「幸せは、各自の意志次第」。

それは「誰の課題」ですか？

PERSONAL TYPE

25

「ゼロか一〇〇か」極端な人

有名になって成功しないんだったら
やってる意味ないでしょ？だからダンスやめたの
彼氏ともケンカ…
100%好きじゃないなら一緒にいる意味なくない？って言った
あそこ（理想・期待）
見て見て
ココからあそこまで幅があるんだよ
ココ
どの段階も意味あるし戻るのも動かない時期もあるものなんだよ

「ほどほどのところでＯＫ」と、容認できない人がいます。もっともっと努力が必要だと、どんな場面でも強迫的に「立派な人間」「文句なし」を目指してきた。認められるレベルじゃないことが怖くて怖くてたまらないんですよね。

本当は下手でもダメでも中途半端でも、「自分で考えたんだね」「挑戦したね」などの共感の言葉があればよかったのかもしれません。

ゼロか一〇〇かという極端な思考が強い人は、**これまで頻繁に広範囲にわたって、否定的な他人やメディアの価値観の影響を強く受けている場合が多い**です。

……今、〝誰から見たいい人間〟を目指していますか？　少し考えてみてください。

その、誰かの理想通りにならなくていいんです。その人も、あなたの理想にぴったりの人ではないはずです。

「まぁ、いいか」ができなかったら、そういう時期。それもよし。

理想や期待までの、どんな段階も○

PERSONAL TYPE 26

寂しくて受け入れすぎる人

「なんでもいい」とまでは思ってない
けど
今すぐ「私には価値がある」って思いたい
「寂しい」を感じたくない…
許して受け入れて
そうでもしなきゃ心が保てないんだ
こっち見てー
寂しいよー
見て？
向き合うべき気持ちから逃げると虚しさが追いかけて来ちゃうよ？

恋愛にかかわらず、寂しくて、自分の領域に他人を立ち入らせすぎる人がいます。認めてくれるから、人恋しいからといって、親密な関係になりやすい、つながりを増やすために本当は好きじゃない場所に行く、スケジュールをいっぱいにする。

「本当は寂しかった」。……いい子でいようと、気持ちを閉じ込めたんですよね。

人からの好意がとびきり嬉しい。気持ちいい。だから病みつきになってしまうのかもしれません。しかし、どんなに人から好意や好感を得ても、寂しさや不安はゼロになりません。

不健全に紛《まぎ》らすのではなく、**「自分の感覚」を取り戻すことが大切**です。

「私、寂しいんだな」「不安なんだな」。その気持ちを、ただ在るがままに感じる。寂しさを抱くようになったのは、いつから、どうしてかを考える。その過去と向き合う。寂しさを紛らすために「人」で穴埋めするクセを手放す練習です。

あなたの外交力を傷つくことに使わないで、自分を幸せに導いてほしいと思います。

寂しさや不安をつくった過去と向き合おう

PERSONAL TYPE

27

無駄にプライドが高い人

これはこういうことだよ
はい
すごーい
店長はああ言ってるけどあの人の考えは抜けてるからね
できる人だー
また聞いてね
ありがとう
彼女はホントに努力してるし物知りなんだけど
ハイ
そのくらいのことわかってます
無駄にプライドが高いのは大変だと思うんだ
カリカリしたり頼れなかったりね

プライドが高い人は、価値の感じ方が「できる」「わかる」「何かに優れている」ことに偏っています。だから難しいことを要求したり、わからせようと言いすぎたり。人前で「できる強い人・スゴい人」や「優等生」、あるいは興味がないふりを演じる。「負けたくない」「バカにされたくない」「笑われたくない」「恥をかきたくない」。正しさやスゴさを拠《よ》り所にしないと、自分を保っていられない人ともいえます。

けれども、本当は「優れていないと自分に価値がない」と思ってしまうことが怖くて、そうでないことから逃げたいんですよね。

気高さや誇りがあるという意味では、プライドが高いことは悪いことではありません。ただ、**「ありのままの自分では問題がある」と思っていることが課題**なのです。まずは、怖がらずに「自信がないのは、何を問題に思っているからか」と、自分自身に聞いてみましょう。

本当は、命や感性、そして人の存在そのものに価値がある。負けても、スゴくなくても、どう思われても、あなたの価値や魅力は一ミリも減りません。

「思い込み」の前提は捨てよう

PERSONAL TYPE 28

人からの「低い評価」が怖い人

複数のことができなくて
プリントー
こないだも子どもの提出物忘れてたの
ごめん！仕事のこと考えてて忘れてた！
イイヨー
ほんとこういうところ人に迷惑かけるしごめんなさいって凹むのよね…
不完全な自分を見せられるお母さんっていいよね
素敵な教育だと思う
ごめんなさい
へいきだよー
助け合うこととか違う世界を知れることとか
完璧じゃないからいいこともあるよ

評価を気にしすぎて、自分を出せない人がいます。

「嫌われるのが怖い」というのは人が持つポピュラーな気持ちですが、残念ながらこの世に全員に好かれる魔法はありません。であれば、こうしてみるのはどうでしょう。


「低い評価が怖いという弱さを認めながら、理屈で恐怖に打ち勝ってやってみる」


これは私の経験なのですが、低評価を考えすぎず「何を言っても大丈夫」と思い切って行動するようになってから、人の理解や共感も得られるようになりました。

評価を気にする恐怖から心を守れるようになった理論を二つご紹介します。

一つは心理学やビジネスのジャンルで有名な「2：7：1」の法則。自分のことを「何をしても好き：スルーしてくれる：何をしても嫌い」な人の割合が、自然と2割・7割・1割になるというのです。

もう一つは、テレビ番組の視聴者評には不満が3割入っていた方がいいということ。不満が何もない＝話題性がないと考えられるそうです。

〈気持ちを肯定〉＋〈理屈〉で整える

PERSONAL TYPE 29

人との接触が苦手な人

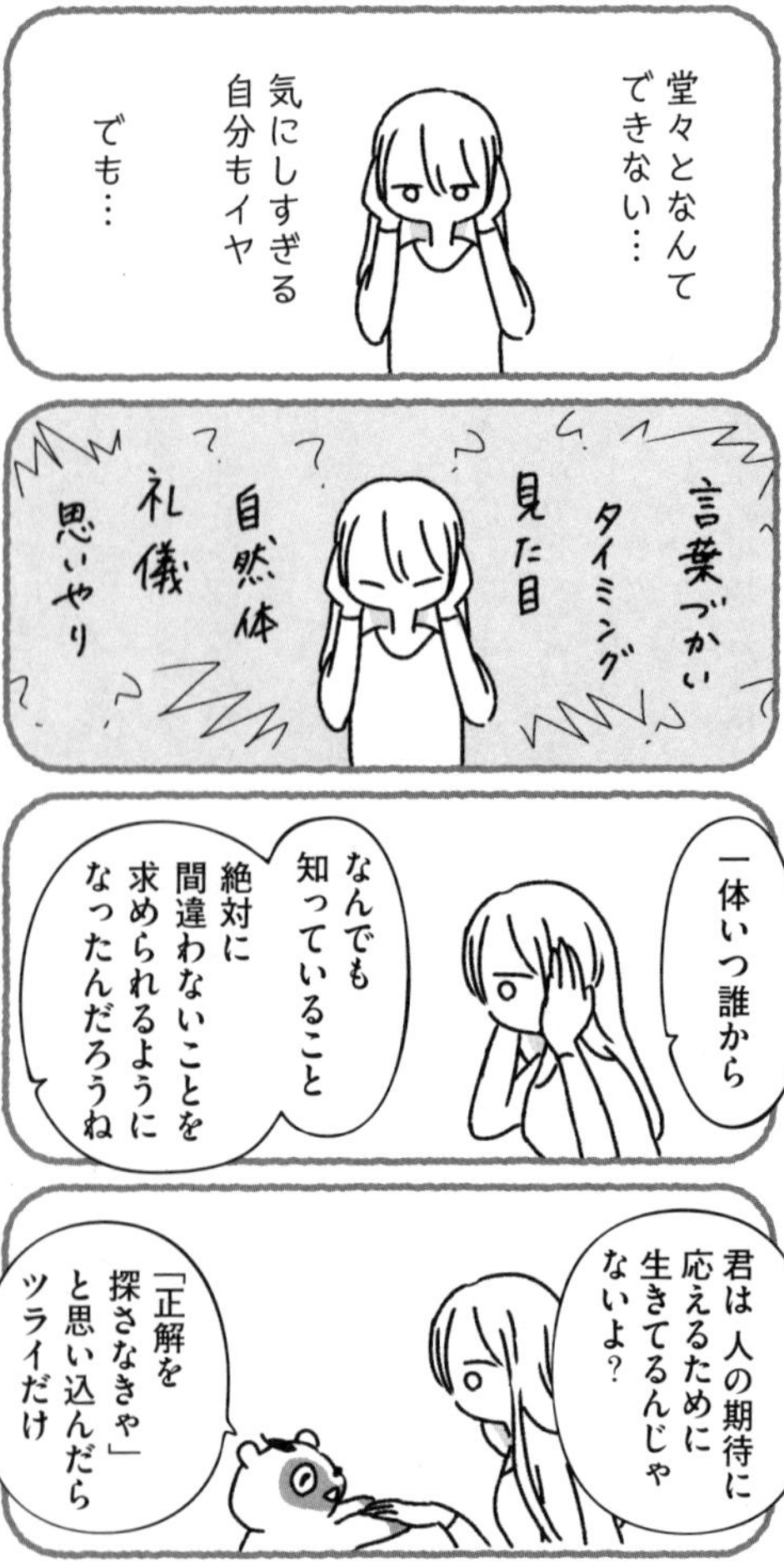

堂々となんてできない…
気にしすぎる自分もイヤ
でも…
言葉づかい
タイミング
見た目
自然体
礼儀
思いやり
一体いつ誰から
なんでも知っていること
絶対に間違わないことを求められるようになったんだろうね
君は人の期待に応えるために生きてるんじゃないよ?
「正解を探さなきゃ」と思い込んだらツライだけ

電話が苦手、コンビニのレジで緊張する、友達へのLINEだって何度も見直す、という人。「おかしいって思われるんじゃないか」と正解を探しすぎて、ただ用件をこなすことでさえ、ストレスになるのですよね。

相手がどう思うかは相手の課題。だから、本当はのびのびしていいんです。でも、自分が表に出るのが怖いんですよね。「こんなことで緊張するなんて」と、怖がっている自分を情けなく思うこともあるかもしれません。

だったら大丈夫です。**堂々とできなかったら、堂々と緊張して行動**しましょう。

たとえばレジで会計を待つとき、視線が動くままキョロキョロすることや、ジッと下を向くこと、腕組み、ストレッチ……。どうなるかを私はいろいろ試して、結局、**「何をしていてもいいんだ」**ということが腑《ふ》に落ちました。

実験のつもりでやってみてください。モジモジ、オドオドしていても驚くほど何も起きない、「大丈夫」がわかります。

「正解なんて、ないんだよ♪」

PERSONAL TYPE 30

自分で決められない人

こっちにしたら
あの人は悪く思うだろうし
ネットの情報はありすぎてわからない
私の場合はどうなのか…
それでも結局は選ばなきゃってわかってる…
あなたはどう思うの？本当はわかってるんじゃないの？
わからないよ…決断間違えたくないし
まだ悩んでたい…迷っていたいから待って…
うん 自分がそうしたいなら

不安や迷いがあるとき、ほかの人に「どう思う?」と相談することがあります。それは新しい視点やアイディアを広げるため、自分の意思を確認するためには有効な方法です。しかし、一向に自分で決められず、固まって立ち往生する人がいます。「このままもイヤだし、動いて後悔するのもイヤ」。いろいろな人のいろいろな意見を採用しようとして、健気《けなげ》なあなたは情報過多に混乱するのかもしれません。

判断を人に頼り、自分で決めることができないのは、正解がほしい、いい子をやめられない、義務感や他人のために生きて自分を放棄していた、などが隠れた事情です。

どれかを選ぶということは、どれかを捨てることになる。それって怖いですよね。**すぐに勇気が出ないときは、うんと力を抜いて立ち止まりましょう**。人の言うことを聞いても聞かなくてもいい。最後は自分が自分に許可を出せればＯＫ。

自分に焦点を戻して、この先はあなたがあなたの人生を生きてくれたら嬉しいです。

最後は「自分が自分に許可を出せるか」

PERSONAL TYPE

31

「居場所がない」と思う人

この人は私のこと
わかってない！
居場所がない…
私 不釣り合い
かも…
居場所がない…
なかなか
認められないな…
居場所がない…
理想の居場所にするには時間が必要だと思うけど
僕にとっては居たい所が居場所だよ

「ここにいても大丈夫」と思えなくて、不安や孤独を感じる人がいます。

家族、学校、職場、友達グループ、恋人……。一緒の時間を過ごしたあと、なぜか虚しくなる。「ふさわしくない」「私はいない方がいいかもしれない」「わかってもらえない」「ごめんなさい」などと所属感が得られないことで苦しい思いを抱えている人。

どうしたらいいのか、その理由と課題は三つ考えられます。


一つは、いつも誰かと共にいたいという期待が高いことです。

そもそも、他人とすべてをわかり合うことはできません。ですから、完全にわかってもらおうとすると苦しくなります。人と気持ちを共有して「わかち合う」ことはできるけれど、「人とすべてわかり合う」ことはできないのです。

だからこそ逆に、通じ合ったときに嬉しくて、ありがとうと幸せを感じることができる。人は一人ひとり違うのだから、丁寧に「わかろう」「伝えよう」、「むしろ距離を置くことが互いを尊重することだな」とか、「この関係を終わらせよう」と思えるのです。


「わかってもらうこと」を求めない。

このことを受け入れるのは難しいかもしれませんが、大切な考えです。他人でなく自分が「裸の自分」の最高の理解者になることはできます。

もう一つは、コミュニケーションの精度が低く、未熟なことです。

その場所をあきらめて撤退しようとする前に、「自分を出す」ことをしましたか？「相手が見ている世界を見て」、「聴く」ことをしましたか？

そんなに簡単じゃないことはわかっています。いろいろな人がいて、正解がないコミュニケーションは、場合によってはとてもストレス。

でも、**「自分」と「相手」を分けて、両方の人格を「尊重すること」が大切**なのです。そのうえで譲り合って折り合いをつけるのか、「自分は自分、人は人」と離れるのか。

怖いと思ったら、「失敗したら終わってもいいよ」「存在感が薄くていいよ」と、自分を許してみてください。失敗してもいいし、中心人物にならなくてもいいと思うと、義務感の重圧が消えて、自分がどうしたいかに集中できます。

最後に、「実力で認められて必要とされたい」とすぐに求めることです。

コツコツやるしかありません。もともとあるよさも、時間をかけないとまわりに理解されないことは多いです。それにプラスして、技術も含め、自分にある〝売り〟を見てもらえる場所（市場《しじょう》や環境）を選ぶことだと思います。

結局は、誰がかわいいとか、賢いとかに関係なく、「自ら決めたやりたいこと」をやることが前に進むための強い原動力。勝手に気長に頑張れて、技術の向上や周囲からの評価はあとからついてきます。ちゃんと気を抜きながら、続けていってほしいです。

このように、自分の居場所がないと思うのは、「何が理由」で「何が課題」なのか。

1　「わかり合う」に執着しない
2　自分を出して、相手の事情も理解する
3　やりたいことを見つけてどんどんやる

そう考えてみると、「必要とされないし、認められない存在なんだと感じていたのは自分の決めつけだった」、と気づくことがあるかもしれません。

「人と自分を分けて」考えていますか？

PERSONAL TYPE 32

これから頑張る人・頑張りたい人へ

よし 明日から 頑張る！
せっかくだから
いい顔して♪
失敗も嫌われるも 休むも ちゃんと するんだよ？
磨かれて君は また魅力的に なっちゃうね

～「これから頑張るぞ！」と前向きになったときの下ごしらえ～

1　信じて顔を上げる　――　きっとできる。なんとかなるから前を向く。

2　ちゃんと失敗する　――　無知・未知・ミス・無理がわかる。どこも通過点。味方はいるから、「えへへ」と笑って進んでいい。

3　ちゃんと嫌われる　――　人との違いや距離がわかる。離れていかない人への感謝で心が磨かれる。

4　疲れたらちゃんと休む　――　〝たまたま〟もあるから悩みすぎない。元気や勇気が不足したらチャージしよう。

5　チャンスは巡る　――　最初から、絶対にホームランを目指さなくていい。「今できること」をしていけば突き抜ける。

そして、「正解の教科書はないから楽しめ～！」です。

「自分を褒めて・信じて・進む」

Kii's Message

「自分と向き合う」ヒント

生きていると、思い通りにならないことや悲しみ、予想外の偶然がやってきます。私はモヤモヤしているときや、激情を抑えたいときなどに、書く、聞いてもらう、声を出す、映画を見て泣くなど、**内面を一度、外に出す**ことを大切にしています。

外に出したあとは、気持ちを切り替える。大きく伸びをして姿勢をよくし、上を向き、口角を上げて口を「▽」。笑える身体の状態をつくっちゃう。そうすると自然と笑いが出てきます。

このときに、好きな場所や景色が広がっているのを思い浮かべるのもリフレッシュになりますよ。

そもそも、凹《へこ》まないようにすることは難しいです。「心が強い人」というのは立ち直れる人、現状の自分と向き合える人だと思います。

実際に私がやっている内面を外に出す方法を参考までにご紹介します。

自分に合った回復法と向き合い方を見つけてみてくださいね。

CHECK!

●書く

何を書いていいかわからないと思ったら「何を書いていいかわからないけど……」と書くなど、正直な気持ちを優先して。綺麗に書かなくていいです。メールやケータイメモ、「一人グループLINE」をつくるのもおすすめです。

自分しか見ないから罵詈《ばり》雑言《ぞうごん》でもいいの！

●**聞いてもらう**

癒やしの効果が大きいです。対等な立場で共感してくれる人をつくってください。

●**発声・体感**

言葉にならずとも「あー」「んー」と発声。クッションを叩いたりグッと手を握り力を入れると、言葉にならない感情を発散できます。

●**映画や音楽を鑑賞する**

自己表現の代用として活用しましょう。涙が出るときは、思う存分に泣くことが感情の発散になります。

カウンセラーなど
専門家でも♪

僕は
一人カラオケに
行ってみたいなぁ

感情移入
できるものが
おすすめだよ♡

4章

「思い込み」を一つずつ手放していく

……もっと「生きやすくなる」考え方、
心の持ち方

CHECK!

「心がしんどくなる人」の特徴

大きな悩みがなくても、日常のちょっとした場面でしんどさを感じることがありますよね。人とのコミュニケーションだったり、他人にどう見られているかが気になったり……。

少しずつ神経を消耗すると心が疲れてしまいます。

ただ、自分が思うより、世の中も人もやさしいです。思い込みでしんどくなっていませんか？　さっそくチェックしてみましょう。

結論の飛躍や
0-100思考など
偏った思考のクセ
短気・怒りっぽい
自分を責める
決めつける・
優劣で評価する
常に考えていて
頭の中がうるさい

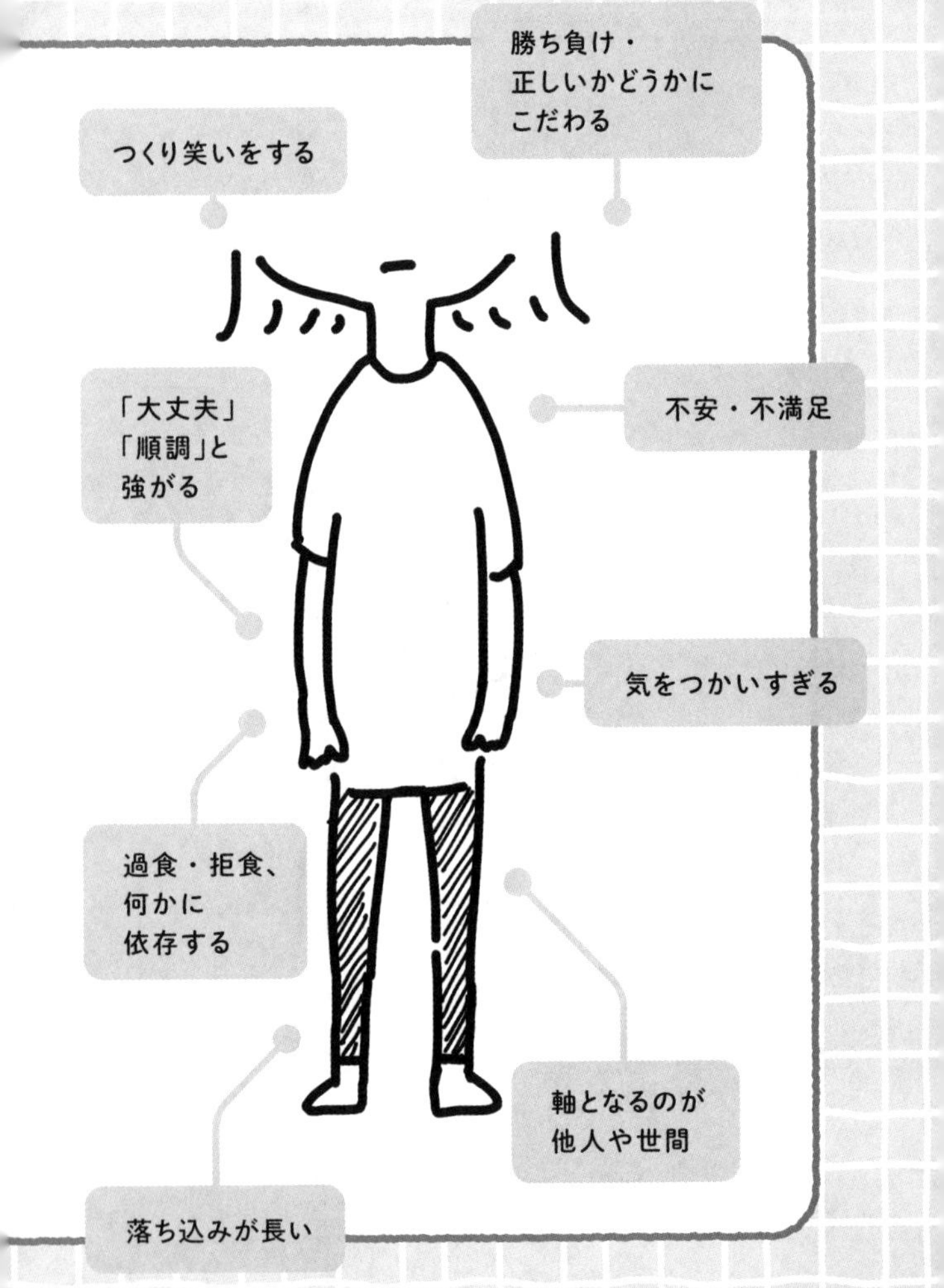
勝ち負け・
正しいかどうかに
こだわる
つくり笑いをする
「大丈夫」
「順調」と
強がる
不安・不満足
気をつかいすぎる
過食・拒食、
何かに
依存する
軸となるのが
他人や世間
落ち込みが長い

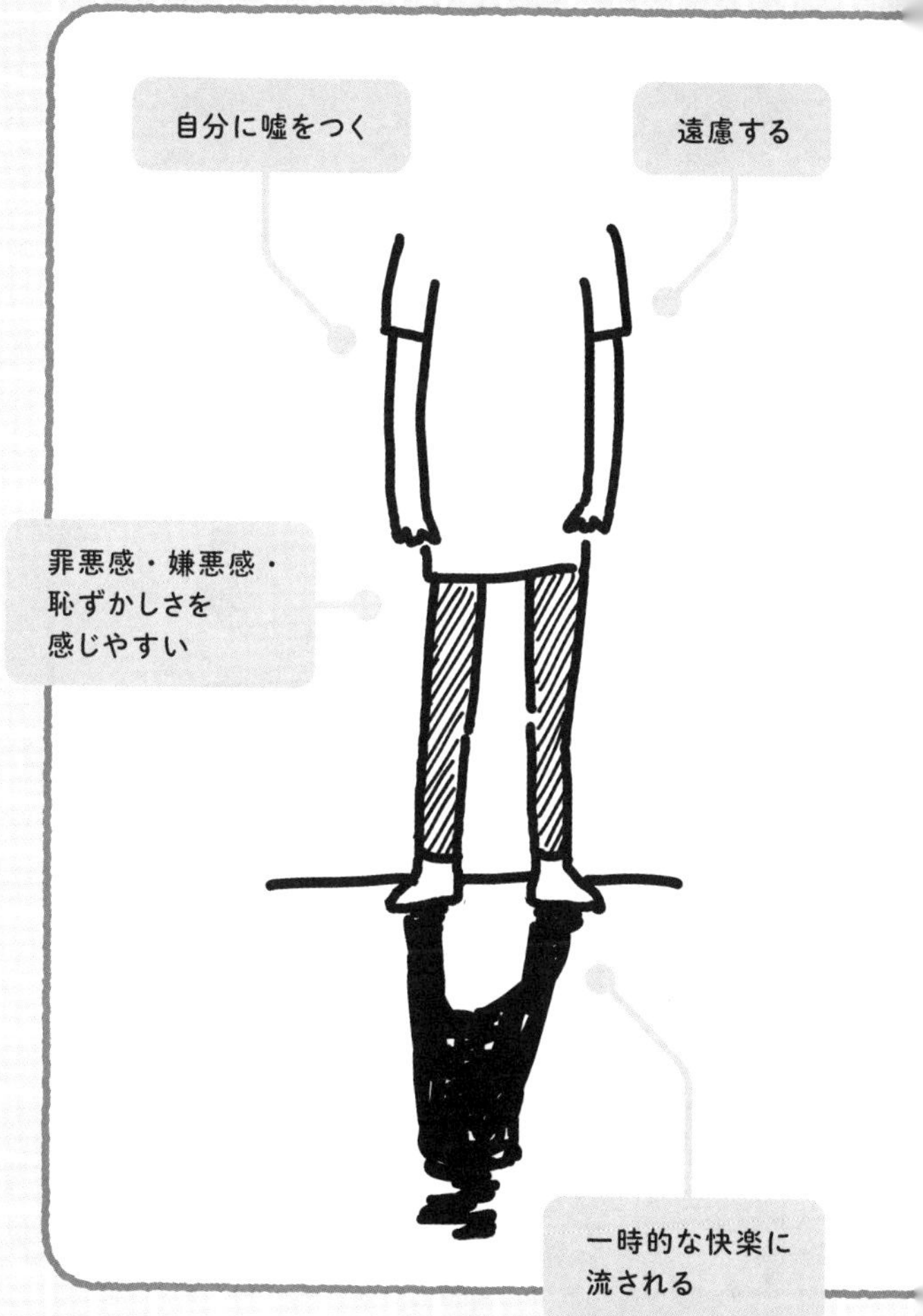
自分に嘘をつく
遠慮する
罪悪感・嫌悪感・
恥ずかしさを
感じやすい
一時的な快楽に
流される

CHECK LIST

しんどいをラクにする方法

PERSONAL TYPE 33

難しく考えすぎる人

基本的なことも
わからない……
間違える……
やっぱり私
ダメな人間だ
それ人格や
人間性を
技術×
人気×
成績×
×友達の数
恋人・結婚
×稼ぎ
×知識
人格
批判の対象に
してないかな……
そんなに深く
難しく
解釈しなくて
いいんだよ？
「できない」が
わかった
っていう
現在の事実
今
それだけ！
まずは
「できなくてもOK」
それからどうするか
考えればいいんだ

ストレスに弱い人は、「私はダメだ」「私が悪い」を基準にして出来事を見ています。「失敗した私がダメだ」「怒られた私はダメだ」「嫌われたのは私が悪い」「できない私が悪い」「うまくいかない私が……」。

こんな風に、悪い出来事や人の事情・感情と、自分の人格や存在の価値とを結びつけてしまうんですよね。

……でも、本当にそうでしょうか。

たとえば、「彼にフラれた。私は好きな人も大切にできない悪い人間だ」。

これは自分と相手、それぞれが本音と向き合ったり、伝え合ったりするコミュニケーションの課題であって、自分だけが悪かったなんてことないんですよね。

それに、相性やタイミングの問題もあります。

たとえば、「〇〇ができなかった。私は頭が悪いダメな人間だ」。

これは技能や経験量の課題であって、自分の人間性がダメだからではありません。

それに、関わった相手側の好みや得意不得意、予想外の偶然までコントロールはできませんよね。

責任感や成長欲が強いという側面を持っているのは素晴らしいことですが、我慢して耐える人ほどストレスが尾を引きます。思い通りにならないことは悔しくて悲しい。自信を喪失してしまうこともある。

でも、その出来事には、あなたの価値や人格は関係ありません。できなかった、うまくいかなかった、人との距離が上手にはかれなかったとしても、すべて〈通過点〉です。

「深い意味はない」。以上。

簡単に言ってくれるなと思うかもしれませんが、大切なので繰り返します。

どんなときも、どんなことがあっても、必ず人には存在価値があります。生まれてからずっとです。

出来事に、変に意味づけをして深みにハマらないで。

「悔しいなぁ」「悲しかった」「本当にショックだった」。

こんな素直な気持ちには、「そうだよね」と、何度でも寄り添ってもらえると嬉しいです。ときには、思いっ切り叫んだり、じっくり浸ったりする時間もつくってください。

ありのままの心の反応。それが感情です。もし悲しみを感じられたら、感情を解放して泣いてください。そうすることで、心に平和が訪れます。

感情は感じておしまい。

それから、怖くても、「私は私を許す」。

悪い出来事と「私が悪い」を強く結びつけないで

PERSONAL TYPE 34

「愚痴」や「弱音」を吐けない人

私よりもっとつらい人がいるし
愚痴は相手がイヤな気持ちになるだろうから
ガマンガマンガマン…
言われても困る
みんな大変よ
強くなりなさい
いつから言えなくなったんだろ…
どんなことを痛みに思うかは人それぞれだけど
「痛い」ことに変わりないよ
君がなんともないことをつらいと思う人もいる…
ネガティブOK
君が思っていること＝君の事実を見てあげてね

愚痴や弱音を吐けない人。それは子ども心に封をしている人です。「無理」「できない」「イヤ」「やめて」……をずっと言えなかった。口にせず、落ち着いた態度を保ってきたんですよね。

人から「強いね」「あなたは一人で大丈夫」などと言われても、心の中では、「全然そんなことない！　腹の中は黒いし、心が狭くてワガママだよ……」と、わかってもらえないしんどさが膨らんでいるかもしれません。

また、苦しみの大きさを人と比べて、我慢してしまっている場合もあります。

一つ言わせてください。その我慢は不要です。**自分の気持ちを、痛みを見てあげましょう。**

苦しい感情は、見ないふりをし続けるとどんどん大きく膨らむけれど、大切にしてあげると消えていきます。

人に言えなかったら、まずはノートやケータイのメモなどに書く。自分で自分の感情を知るのが先。大丈夫、前に進むのはあとでいいんです。

とにかく吐き出す！

PERSONAL TYPE 35

感情を「自分にまで」隠す人

ネガティブな感情を禁止していると
悲しみや怒りをそもそもなかったことにしようとする
うるさい！
ちゃんとして
面倒な奴
もう大人でしょ
普通になりなさい
情けない
寂
悲
怖
怒
けれども見て見ぬふりをしているだけで
なくなったことにはならない
自分自身に見てもらえないと心は
こっち見て〜!!
怖
寂
怒
悲
爆発へ向かっていく

自分のネガティブな感情や、汚い感情は見たくないですよね。大人げない自分も、間違っている自分も、甘えている自分も、不良で傲慢な自分も、できることなら自分にさえ隠したい。向き合うのが怖い。周囲も前向きな大人を称《たた》える。

本当の感情に蓋《ふた》をして、自分を無視することがうまくなった人ほど「感情がコントロールできません」と悩みます。

急に涙が出てくる、激怒するなどの現象が起こる人は、他人に知られたくない自分がたくさんいる人です。泣いてはいけない、怒ってはいけない、我慢が足りない、前向きであるべき、と思い込んでいるんですよね。

まずは感情を感じてください。

「悲しい！」「謝ってよ！」「寂しい！」「○○してほしかった！」「嫌い！」「わかって！」「一人じゃ無理！」「もっと尊重して！」「休みたい！」「ギブアップしたい！」。

自分の言葉で吐露《とろ》してください。一回キレてください。

泣き叫ぶ自分のイヤな気持ちを知って、それからどうするかは次のステップです。

気持ちを切り替える前に、とことん感情的になる！

PERSONAL TYPE
36

「自分を許すとダメ人間になる」と思う人

プリンすきー
でも黒いところ
きらーい
黄色いところ
だけがいいよー
お願い…
ダバ
ーーー!!!
ごめんムリ

「自分にやさしくしたら、自分を甘やかして何もしない人間にならないですか？」と言う人がいます。……わかります。何もしなくなることが怖いですよね。

自分にやさしくするというのは、「自分の好きや幸せにフォーカスして、やりたいことをやる」こと。でも実際は、やりたいことしかやらないという環境はどこに行ってもありません。

たとえば、「好きなことで生きていく」と謳《うた》うYouTuberでも、企画に準備、収録、編集、コメントチェックなど、そのすべてが、やりたいことではないはずです。**メリット・デメリットのように、切り離せないセットがある。**犬を飼ったら世話がある。愛すれば切なさがある。それでも「やりたい」が勝るから、「イヤ」があってもよしとして進むんですよね。

どっちみち困難もついてくるのに、あなたは最初から「苦労が美徳」と思って、我慢やしんどいことでいっぱいになっていませんか？　あなたはさっさと幸せになってもいいんです。喜びが増えることを、堕落だと思う必要はありません。

やりたくないこと、イヤなことは減らしていく

PERSONAL TYPE

37

いつも「ああすればよかった」と後悔する人

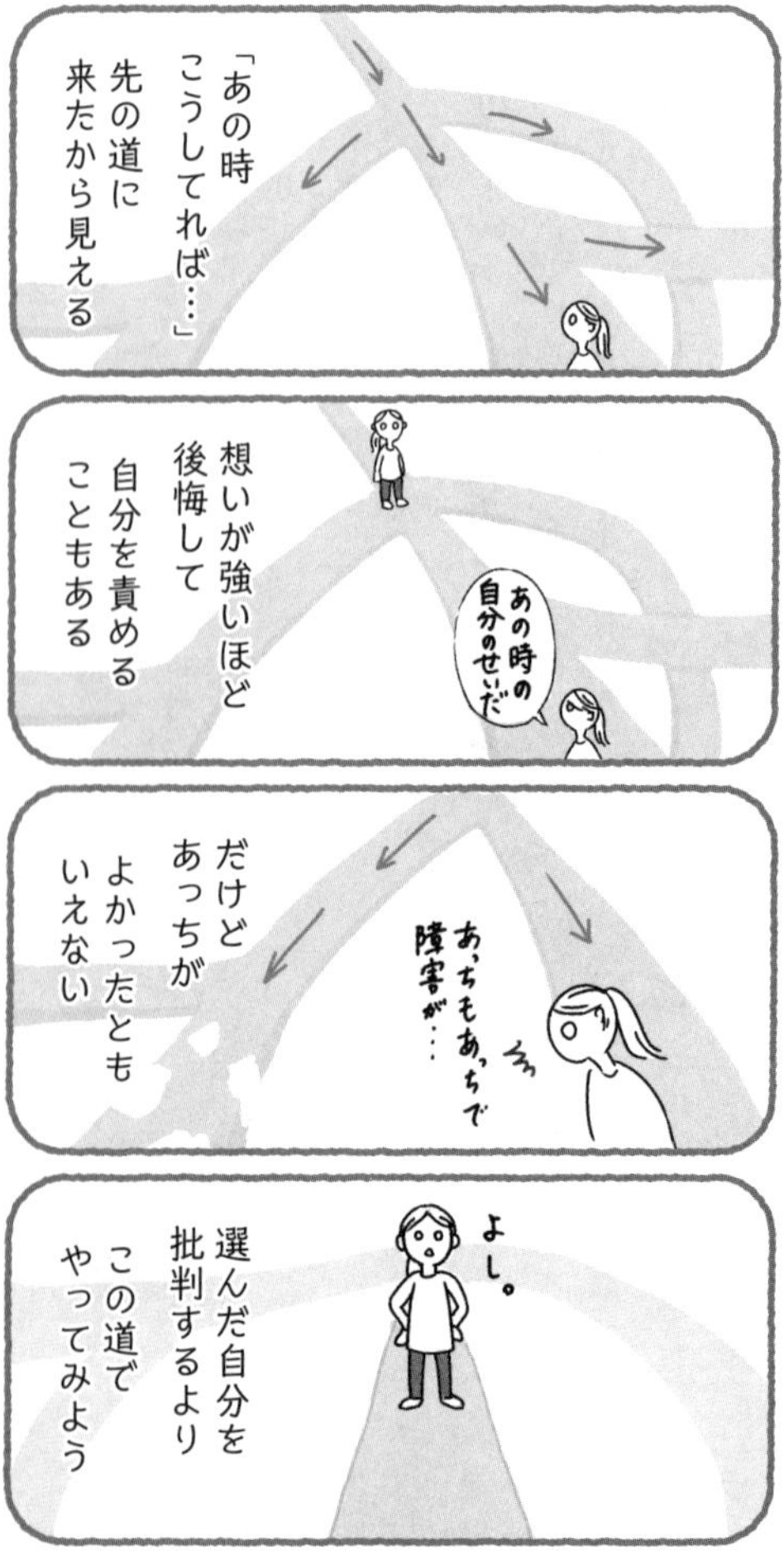
「あの時こうしてれば…」
先の道に来たから見える
あの時の自分のせいだ
想いが強いほど後悔して
自分を責めることもある
あっちもあっちで障害が…
だけどあっちが
よかったともいえない
よし。
選んだ自分を批判するより
この道でやってみよう

「ああすればよかった」「ああしなければよかった」と過去を振り返って、選択を悔やむ。「今、あのときに戻れたらこうするのに……」と、あとになって自分のしたことに悩むことがありますね。

……いいんです。**後悔しない人なんていない**のですから。

後悔は、別の選択肢がある限り無限に起こり得ます。でも、選ぶ前にはわからないし、そのときの自分は、「これがいい」と思って決めたのです。

何気ない選択だったとしても、不幸になろうとして選んだわけがない。それに「Aを選ばなければよかった」＝「Bを選択していたらよかった」かというと、それがうまくいった確証はありません。

誤った選択（と思うこと）を一つもしない人生は、理想的ですが幻想です。なのに、思い通りの結果が得られずに苦痛を感じるたび、自分の選択を批判するのは苦しい。

「間違わない道を選ぶんじゃなくて、選んだその道でやってみる」

きっと、得られるものがたくさんあるはずです。

そのときは「それがいい」と思った自分を尊重する

PERSONAL TYPE 38

自分を「過小評価」する人

「自分なんて」と思うのはよくない
それはわかってるんだけど
自己評価が低いのは
「あるべき姿」にしばられているからだよ
「絶対こうでなきゃいけないのに」
って信じてるイメージがあるでしょ?
どこかで知ったり覚えたりしたことを信じ続けてる
君はそれほど純粋な人なのかも♪

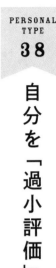

思い込みにとらわれている人は、自分を過小評価します。

頭の中でミスを見張る意地悪な審判が、「ここができてないじゃん」などとツッコミを連発してきてつらいですよね……。その狭い視野で攻撃した結果、一部のダメ出しだったとしても、全体的に自分は大したことない、人より劣っていると勘違いします。

過去の自己評価の方が高い人もいるかもしれません。それは、「これがいいんだ、得するんだ」「これは悪いんだ、損するんだ」と経験や学習を重ねた分、自分が「よし」と感じられる「あるべき姿」が確立されたから。

自分のためにしてきた「いい・悪い」をジャッジするクセが、現実の自分はダメだと決めつける原因になってしまったんですね。

自分の価値というのは、自分が自分を「低く思っているか・高く思っているか」。

あなたという人間に問題はありません。悪いと決めつけている独自の評価基準（いい・悪いを審査する自分の型）に気づいていくことが、自己評価を変えるきっかけになります。

自分を低く評価しているのは「あなた自身」

PERSONAL TYPE 39

「私はこういう人間だ」と決めつけている人

私は愛されない
だってみんな見捨てていく…
私は優れていなければならない
だってそうじゃないと喜んでもらえない…
私はおかしい
嫌われる
価値がない
私は罰を与えられるべき
幸せになってはいけない
君がそう思っていればそういう未来が待ってるよ?
誤解なのにそんな未来がいい?
もう自分をラクにして大丈夫

「自分は嫌われる」「自分には価値がない」「自分は必要とされない」「自分は特別な存在だ」……など、自分のことを「こういう人間だ」と決めつけている人がいます。

いつからそれを思い込んだのかというと、ほとんどのはじまりが子どもの頃。それはこんなステップを踏みます。

そんな気がする出来事があった。人の言うことを鵜呑みにした。

←

「自分が悪い」など、そう思うのが正しいのだと信じる。

←

以降、無数の偶然からその証拠を集めるようになる。

←

確信を強めていく。

私の場合、小・中学校の頃に友達からの仲間外れにあった時期があり、「自分が悪いんだ」「私が欠陥品だから嫌われるんだ」と思うようになりました。

また、私の態度や行動によって母がひどく不機嫌になることがあり、「こんな私では愛されない」「(母の基準で)ちゃんとできなければ、社会で生きられないんだ」と思うようにもなりました。

どうしてそんなことになったのか。それは**「自分がダメだからだ」、と解釈することでしか、目の前の出来事を受け止めることができなかったから**です。

理由を聞く、話し合うなどのコミュニケーションができればよかったのかもしれませんが、当時は十歳程度の子どもです。勇気も手段もなく、「こんなことには、もうならないように!」と自分を戒めるしかなかったのだと思います。

それから二十代後半まで、何か悪いことがあると、どんなときも、どんな環境においても、「自分が悪いんだ」「自分は欠陥品」「こんなちゃんとしてない私では生きられない」という決めつけが何度も何度も、繰り返し頭の中に出てくるのでした。

私は、「悪い人間だから、頑張って、優れていなければならない」という思いで、ずっと走り続けてきました。その結果、本来の自分の生き方や感情から外れて、偽りの自分を演じるために仮面を被《かぶ》り、多くの悩みや問題を抱える不安定なメンタルになってしまいました。

でも、ちょっと待って！

はじまりは、子どもの頃の自分が〝なんとなくそう思った〟。ただ、それだけ。


幼い頃は、言葉で表現することや状況の理解が未熟です。自分が感じている気持ちに「寂しい」「悲しい」「ショック」なんて名前をつけることができません。ましてや相手の事情なんて考えられない。

子どもの頃の決めつけを、大人になっても続けていたのです。

この定義が勘違いだったとわかってからは、「これまでよく頑張ってきたね」と、心から寄り添うことができて自分を救えました。

もし、かつての私と同じような方がいたら、記憶の蓋を開けて見るのは怖くてできないにしても、**「ただ過去の自分がそう思って決めつけただけ」**ということは知っておいてください。

〝過去の自分の決めつけ〟に惑わされないで

PERSONAL TYPE
40

「またダメだった……」と思っている人

遅くて怒られた…
のろまな自分が憎い…
試験にも落ちた
友達も少ない
物事が長続きしない
結婚もできない…
でた――!ダメ探し!
ずっと探したら難点は見つかるよ!
悲しみに負けて
すねてひねくれないでね

自分を、ダメな恋愛をするダメな女だと思う。自分を、失敗ばかりするダメ社員だと思う。自分を、悩んでばかりのダメな奴だと思う……。

自分をダメだと思っていると、現実にその証拠ばかり見つけてしまいます。ダメなことを証明したいから。こんな自分は許せないと思っていると、現実に許してくれない人が集まります。許されたくないから。「私なんか」と思っていれば、あなたを「お前なんか」と扱う人や環境に囲まれます。それが自分に丁度いいから。

そうすることで、自分を守って生きているのかもしれません。肯定するのが、変わることが、感情を感じるのが、自分を受け入れるのが、無意識に怖いから。

本当は、ダメなところばかりじゃないのです。よかったところを消さないで。**恐怖や不安を乗り越えたこと、できたこと、感動したこと。振り返った人生の足跡の中に、必ずあります。**

自分の価値はつけ足していくのではなく、思い出すものなのです。

ダメ探しではなくて、「できたこと探し」を！

PERSONAL TYPE 41

相手から「責められた」ように感じる人

混んでるねー 来週だったら よかったかな
混んでる日 選ばないで!?
それにしても グッズ売り切れ なんて…
グッズの 残り調べて おけよ!?
こうして ほしかったって 言われてないのに 心の中の 罪悪感が反応して 「責められた」 って感じてない？
叶えて あげられなくても いい
罪に思わなくて いいんだよ？

感想や意見、アドバイスを相手が純粋に言っているだけなのに、責められている気がするという人がいます。相手に悪意はないのに、「非難」「批判」「攻撃」されたと勝手に解釈して、つらい気持ちになっていませんか。

それは、自分自身がその部分に罪悪感を持っている人です。責められていると捉えるのは、**自分が自分を責めている**からなんです。

「できないのは悪いこと」「思っていた通りじゃなくて、ごめんなさい」「わからないのは恥ずかしいこと」。そんな風に思ってしまうんですよね。

図星をつかれたことに、ケンカを売られたと勘違いして、イラッと反撃したくなる場合もあるかもしれません。どんな言葉も「お前はダメ」と翻訳するのがパターン化していたら、人と話すのはしんどいと思います……。

なんでも、いつでも、一人で、できなくていいんです。できないことはダメじゃない。自分を攻撃しないで、相手も自分も信じて、許してあげてください。

「それ、本当に言われた?」と自分に聞いてみる

PERSONAL TYPE 42

「私には何もない」と思う人

好きな俳優やアーティストがいる?
うん! ●▲■が好き
いいねいいね それをつくる人も素敵だけど
受け取れている君も素晴らしいんだよ
「よさ」に目をとめて
受け取れてる感性が素敵なの
それに 受け取る人がいないと活躍できない
君はあの人の役に立ってるんだ

「いるだけでいい」「自分に価値や魅力はある」と、自分の存在価値を実感できない人は、次のような事実に気づいてほしいです。

あなたには好きな音楽や好きな本がありますか？

写真や文章、動画、絵など、いいなぁと思うことはありますか？

あなたは特に自分からは何もしていないかもしれませんが、しっかりと受け取っています。その「受け取れている」ということが、本当に素晴らしいことなのです。

同時に「他者に貢献」ができています。受け取ってくれる人がいなければ、俳優も、歌手も、作家も、デザイナーも、活躍できないからです。

つくり出している人の感性だけがすごいんじゃない。それを受け取っているあなたの感性も素敵。それはあなたのオリジナルの感性。**培ってきたバックボーンがあるからこそ、心が反応して受け取れているもの**です。あなたの存在価値はすでにあります。

日々、あなたの存在は当たり前じゃなくて、誰かの幸せに役立っているのです。

自分が「受け取れていること」に注目！

PERSONAL TYPE
43

つい、笑ってごまかす人

ごめんね いっつも私の話 聞いてもらって
私は大丈夫だよ 私のことは いいから
大丈夫?
大丈夫よ 気にしないで
本当は 自分の心との
アクセスを 切ってるだけ
だってこういう 気持ちを持つ なんて
怖い
イヤ
悲しい
わからない
恥ずかしい
ムカつく
愛されたい
弱い
羨ましい
強くていい人で あるべき私には 許されない

「こんなことがあってイヤだった」とつらい思いを打ち明けながらも、表情は笑っている人がいます。

相手を困らせないように自分を隠して人を気づかう、とてもやさしい人。

マイナス思考はダメだ、いつもポジティブに、相手にもいいところがある、これは私のワガママだ、などとつらいときも感じないようにしてきたのかもしれません。

でも、頑張って明るくしないで大丈夫。苦しいときは、笑顔を消して「苦しいです」でいいのです。自分にとっての〝快適〟と〝不快〟、〝Ｙｅｓ〟と〝Ｎｏ〟を感じ取れる人に戻っていきましょう。

しんどい気持ちを「感じる」ことも、それを「人に伝える」ことも不慣れだときついです。「問題ないよ」と笑った方が傷つかなくてすむかもしれません。

でも、人間にはポジティブな感情も、ネガティブな感情もあります。**どちらの自分にも「そこにいていいよ」と居場所をつくる。両方とも否定しない。**これが、「自分を受け入れて肯定する」ということです。

「笑顔を消すこと」にちゃんとＯＫを出す

PERSONAL TYPE
44

「やさしい」と「甘やかす」がわからない人

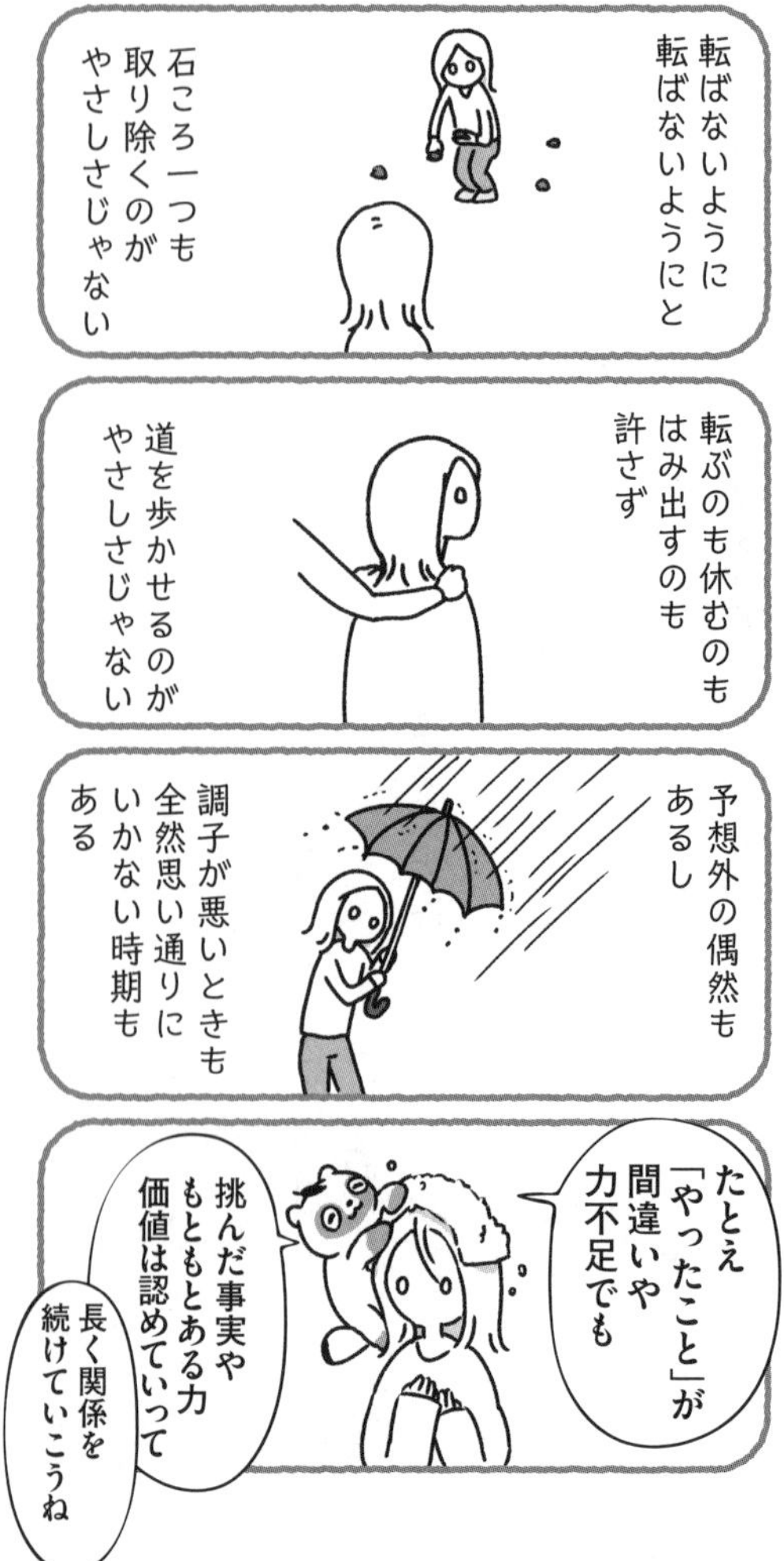

転ばないように転ばないようにと
石ころ一つも取り除くのがやさしさじゃない
転ぶのも休むのもはみ出すのも許さず
道を歩かせるのがやさしさじゃない
予想外の偶然もあるし
調子が悪いときも全然思い通りにいかない時期もある
たとえ「やったこと」が間違いや力不足でも
挑んだ事実やもともとある力価値は認めていって
長く関係を続けていこうね

自分にやさしいと、自分に甘いは違います。ひと言でいうと、**「結果的に自分を自立させるのがやさしさ。自分を依存させるのが甘やかし」**です。たとえば……、

●幸せの求め方
やさしさ――「自分が」自分を幸せにしようとする
甘やかし――「誰かに」自分を幸せにしてもらおうとする
　　　　　または、反対に独力でやりすぎる

●自分や他人への対応
やさしさ――思い通りにならなくても「共感して」話を聞く
甘やかし――期待通りに動くことを求めて「否定し続ける」

●選択
やさしさ――「好きか」「楽しいか」「やりたいか」で選ぶ
甘やかし――「怒られないか」「失敗を逃れられるか」を最優先にし続ける

自分にやさしくする(甘やかすときもあっていい)

Kii's Message

心を落ち着かせる「手当て」の仕方

心がなんだかザワザワしたときは、神経が緊張して攻撃的になったり、動きが止まったりします。これは怯えているときの生物的な反応。冷静に、対処＝「手当て」をすると落ち着きます。

一つは、手当てという言葉の通り、体の違和感のある部分に手を当てる身体に対するアプローチ。

ドキドキするのであれば「胸」のあたりを、足がガクガクするのであれば「膝」のあたりを、喉《のど》がつまるようなら「首」のあたりを、やさしく手でさする、トントンとなだめながら「大丈夫」と語りかけるなどをします。

心と体はつながっているため、不思議と回復する効果があるのです。姿勢をよくする、上を向く、なども切り替えになります。

もう一つは、意識に対するアプローチで、肯定する言葉のシャワーを自分にかけます。

たとえば、「ここにいていい」「いるだけでいい」「このままの自分でいいよ」「自分の価値は変わらない」「今日もありがとう」など。

心がザワザワしたときに試してみてください。

一人で簡単にできるから便利！

5章

人生に「新しい展開」を起こそう

……「よく頑張ってきた自分」に
ねぎらいとエールを

CHECK!

「不安な人」がやってしまう思考・行動

不安はイヤな感情ですが、悪い感情ではありません。なぜなら、不安のおかげで気をつけることができたり、入念に準備することができたりするからです。

やっかいなのは、不安によって、無意識にこじらせた思考や行動をしてしまうこと。これからご紹介する項目をチェックして、不安とうまくつき合いましょう。

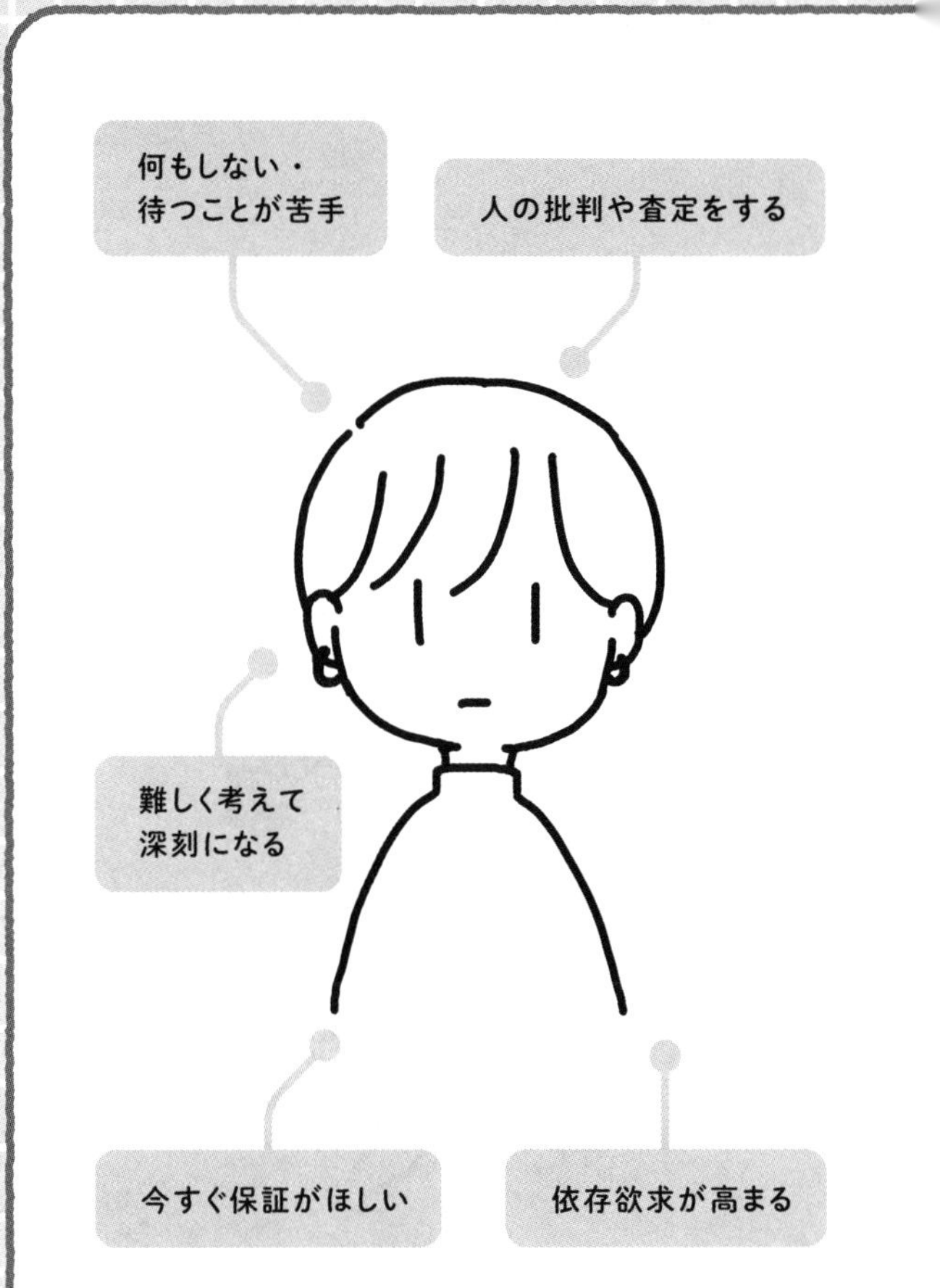
何もしない・
待つことが苦手
人の批判や査定をする
難しく考えて
深刻になる
今すぐ保証がほしい
依存欲求が高まる

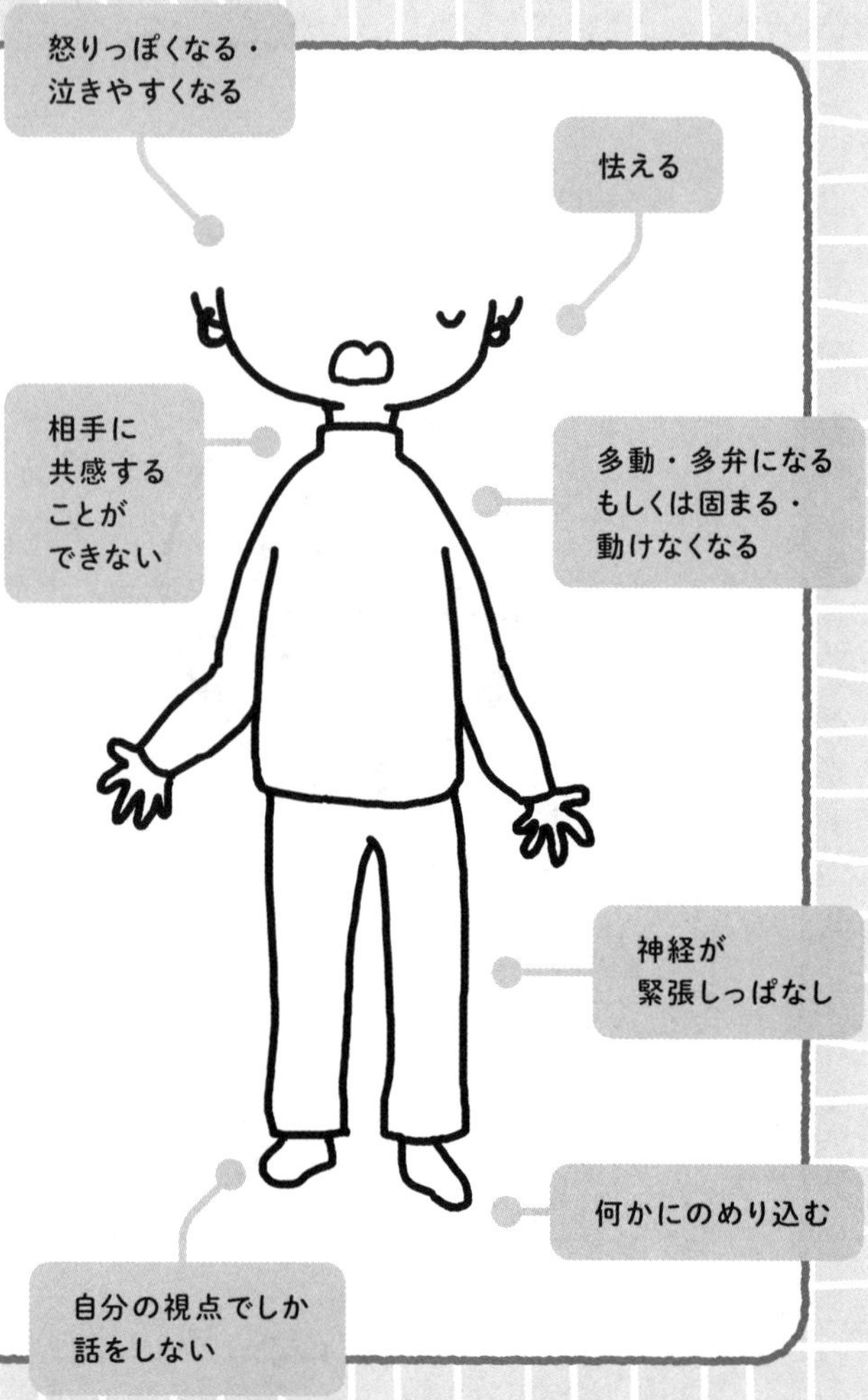
怒りっぽくなる・
泣きやすくなる
怯える
相手に
共感する
ことが
できない
多動・多弁になる
もしくは固まる・
動けなくなる
神経が
緊張しっぱなし
何かにのめり込む
自分の視点でしか
話をしない

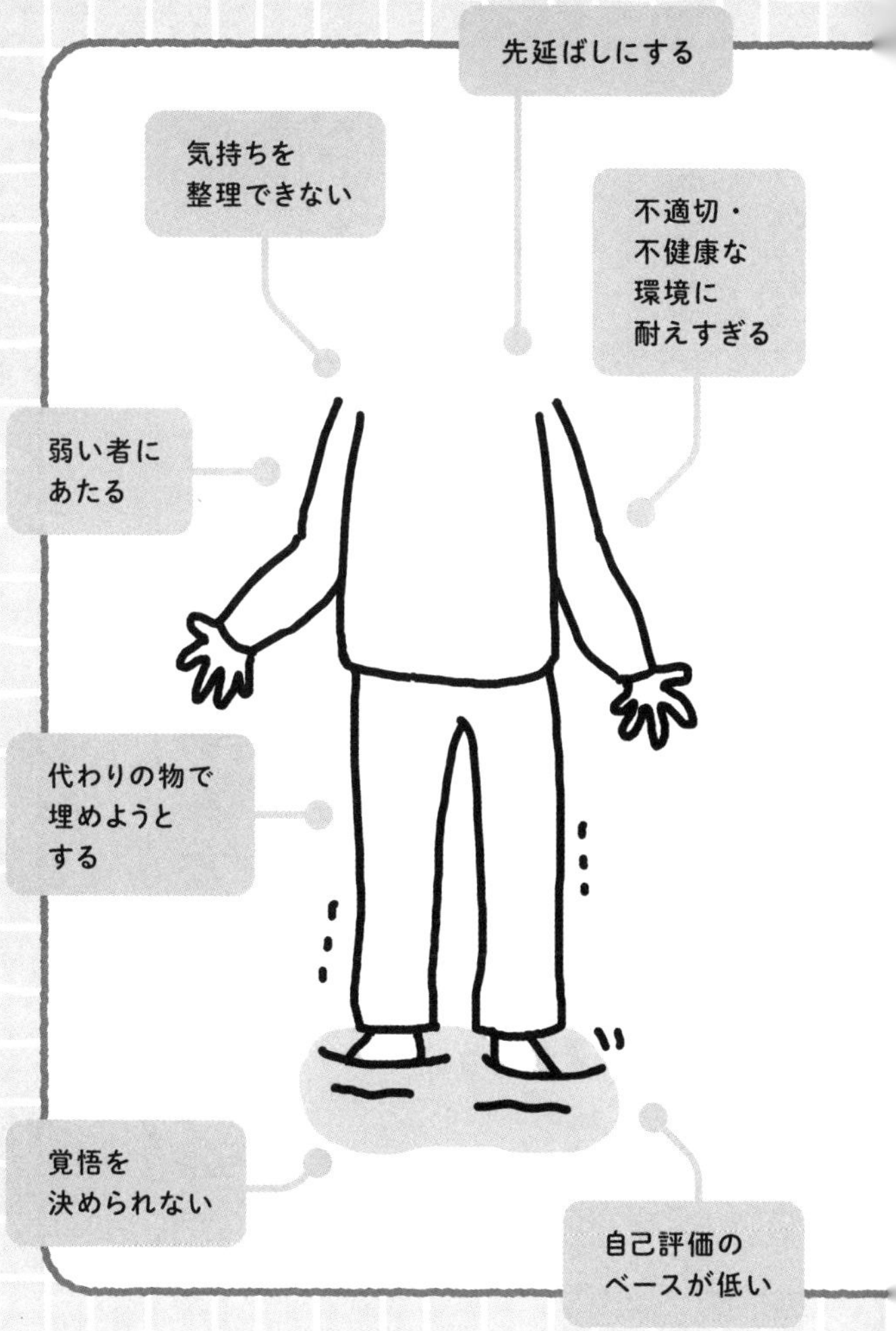
先延ばしにする
気持ちを
整理できない
不適切・
不健康な
環境に
耐えすぎる
弱い者に
あたる
代わりの物で
埋めようと
する
覚悟を
決められない
自己評価の
ベースが低い

CHECK LIST

しんどいをラクにする方法

- □ 人にも自分にも寄り添う ➡ 182ページ
- □ 批判的な人や押しつけてくる人は自信がない人だと知る ➡ 178ページ
- □ 自分の思いや意見は相手とシェアする ➡ 190ページ
- □ 逃げる・休む ➡ 172ページ
- □ 自分が素晴らしいことを思い出す ➡ 196ページ
- □ 相手のことは尊重して信じる ➡ 188ページ

PERSONAL TYPE 45

どんな状況でも「逃げられない」人

このくらい
必要とされてるから
このくらい
大丈夫
わー

その場にいることがとても不利益で傷つくことなのに、逃げない人がいます。逃げてはいけない、つらくてもこの経験には意味がある、自分の努力が足りないなど、自らを説得して。……そうして、自分を低く見すぎていませんか。

「私なんかを受け入れてくれているんだから、離れることなんてできない」「ここから離れたら、もう二度と居場所はないかもしれない」「期待してくれている人や喜んでくれている人を裏切りたくない」。

そんな風に考えて、耐えてしまうんですよね。

自分を卑下《ひげ》する言葉を出していなくても、空気で伝わって、足元を見られることもあります。それを続けていくと、心への負担が大きくなり、精神的な理由で思考能力の低下や、「こんなはずじゃなかった」現実が起きてきます。

関係が対等ではない、傷つく場所だと気づいたら、すぐに離れてください。言い返してください。逃げることが弱さとは限りません。**手放すことが人生を展開する強さです。**

「痛みに慣れないで。逃げていいいんだよ」

PERSONAL TYPE 46

人、物、仕事……に「依存」してしまう人

依存は安心の代用
怒り・落ち込み・不安…
日頃の我慢の帳尻合わせ
適度なストレス発散で
これがずっと続くとどう？
その先うまくいくならいいよ
でもつらくなっていくなら
依存している現実は認めて
一時的に紛らすより未来の自分を思いやってね

他者との人間関係や、仕事や役割、過食、アルコール、薬、ブランド物、ゲームやケータイ、自分を痛めつけることなどに依存する人がいます。

それは「こうすべきだから」という考え方や人に合わせることによって、日頃から我慢しすぎている人です。素の自分を知ることや、知られることが怖くて隠している人ともいえます。

たとえば、こんなことが当てはまりませんか。

・人のために役立つなら、必要とされるなら、犠牲になっていいんだ
・何か言って波風が立つなら、自分が我慢した方がマシだ
・全員と正直に向き合う必要はないけれど、普段からキャラをつくりすぎている
・上の人の言うことやマニュアル、敷かれたレールに身を委《ゆだ》ねている
・本当は好きじゃないのに、好きだと思い込もうとしている
・不安や恐れのストレスが過剰にかかっている

本人は無自覚や無意識かもしれませんが、**依存する人は自分の欲求を抑えすぎてい**

ます。だから、自分が満ち足りることがありません。「私が私である」という人格・存在の自信が極端に少ない、またはわずかもないので、自分や未来が不安でたまりません。

「許されたい、否定されたくない、承認がほしい……」

「こんな私でもここにいていいんだ」

必死にそう思いたい。気持ちを人や物で補って、安心を得ようとするんですよね。

しかし、〈心の拠り所〉というレベルを超えて実生活に影響が出ていたり、依存先を渡り歩いたり、一時的な快楽のあとイヤな気分になったりするのは苦しいです……。

だからまず第一に、**自分の「我慢しすぎ」に気づいてねぎらってください**。

「よく頑張ってるよ」

「依存することが必要だったんだね」

人がどうかは関係なく、あなたはよく痛みに耐えています。何度でも何度でも寄り添ってください。現状ではそれほどに精神の休息が必要だということです。

許すことが甘やかすことに思えるかもしれません。かといって、依存している自分を責めていても、現実的な解決にはならないのです。

気づいて、受け入れて、そして依存から回復する方向へ。自分で自分を満たすことや、健全に安心安全を育てることを身につけていってほしいと思います。

育ちを振り返る、感情と向き合う、我慢を減らす、自分を許す、余計な人間関係から離れる、些細なことでも自分のやりたいことをやる、自分を喜ばせる、いい面にも光を当てる、他人との課題を分離する（境界線を引く）など……。

本書を参考にしたり、サポートしている場所や人を頼ったりしてみてください。

あなたに今、必要なのは「勇気とマイペース」。応援しています。

目標は、自分にとって「いい人生を送ること」

PERSONAL TYPE 47

人を「支配・コントロール」する人

私のこと大切なら
優先してくれる
はずでしょ？
つき合ってるん
だから
大事なこと
すぐ言ってよ！
わかってよ
私を心配
させないで！
大事にして！
不安だよね
でも
「つき合ってる」
は契約じゃない
彼は「俺のこと大切なら
そんなに怒らないだろ？」
って思ってるかもよ？

相手の気持ちをくんだり、話し合ったりすることができなくて、自分勝手に要求や期待を押しつける人がいます。

・「大事に思っているなら、私を優先するのが当然でしょ」
・「自分の機嫌が悪いのは、全部あの人のせいだ」
・「あなたのため」とアドバイスしまくる
・「家族なんだから〜」「彼氏（彼女）なんだから〜」
・してもらうのは当たり前と思って感謝できない
・罪悪感を持たせて従わせようとする
・自分の目線ばかりになって相手に共感できない

支配されている側からすると、とても乱暴でイヤな人ですが、支配的になっている本人は大きな不安と生きづらさを抱えています。

思い通りにならなかったり、自分の非を指摘されたりすると、不安で不安でたまりません。人生を全否定されたくらいに思ってしまって、「そうじゃない！」とすかさずやり返そうとすることもあります。

謝ることなく、「おかしい、相手が間違っている！」と憤《いきどお》りを引きずって、しばらくあとになって蒸し返すこともあるかもしれません。

「正しくなければ生きてはいけない」「人はこうあらねばならない」と思うほど厳しい経験をして、努力してきたんですよね。純粋にまっすぐ、目上の人に従うのが当たり前だと信じて疑わなかったのではないでしょうか。

自分の欲求や、つらい感情を出さないように、見ないように。長年かけてガチガチに心を思考で固めてしまった。そして、自己防衛と自己正当化にエネルギーを使い、警戒して、常に自分を守るために行動するから、自分目線の見方を外して人の気持ちを考える余裕が持てないのです。

もしあなたが変化を望むのであれば、**まずここまで正しくあることにしがみついて頑張ってきた自分に共感してください。** そして〈正しいか間違っているか〉〈いいか悪いか〉のみで判断することをやめましょう。

これは、あなたが今まで苦しい中、耐え抜いてきた人生を否定しようとしているわけではありません。

「怖い顔で、いいか悪いかを見張り続ける人生から降りることも選べますが、いかがでしょう」という提案です。無条件に、自分や人を抱きしめられないのは苦しいはずですから。

いつだって「誰にとっても正解」はありません。大切なのは自分と相手を分けて、「これがあるべき姿だ」と押しつけず、話を聞いて一緒に考えようとすることだと思います。

「なるほど」「そっか」と受け止めるところから始めてみましょう。そして、「悲しい」「悔しい」感情を感じる。負けを認める。「できない」を許す。戦いから降りる。人を褒める。理屈よりも直感を優先する。正しいより楽しいで選ぶ。笑う。ふざける。

自分も人も、もう理想像から自由にしてあげてほしいです。

従わせようとする人は、「自分が不安でたまらない人」

PERSONAL TYPE 48

束縛、独占欲、執着が強い人

親密な相手への束縛や独占欲が強い人がいます。不安に堪えきれず、自分と相手を分けて考えられない人ともいえます。

この人ならわかってくれる、この人なら救ってくれる、この人なら愛護してくれる。そんな期待が人一倍大きいために、目の前の愛情や安心や保障を離したくないのかもしれません。どうして「相手も当然、同じように愛してくれる」と、愛の見返りを求めるようになったのでしょう。

それは、当然のように愛されて過保護に育ってきたからか、反対に、素の自分に共感してもらえることが少ない中で、精いっぱい順応して生きてきたからです。

「私の気持ちと、あなたの気持ちは一緒」。確かに、相手と一体であれば安心。でも、人はそれぞれ違います。**大切にしていることも、楽しいと感じることも、これまでの生き方も。関係づくりにも、人によってペースがある**のです。

自分と相手は分けて、〈尊重〉して〈信じる〉ことが、健康な関係を育《はぐく》む土台になります。

お互いの境界が守られてこそ、親密さは育つもの

PERSONAL TYPE 49

「まわりの目」が気になる人

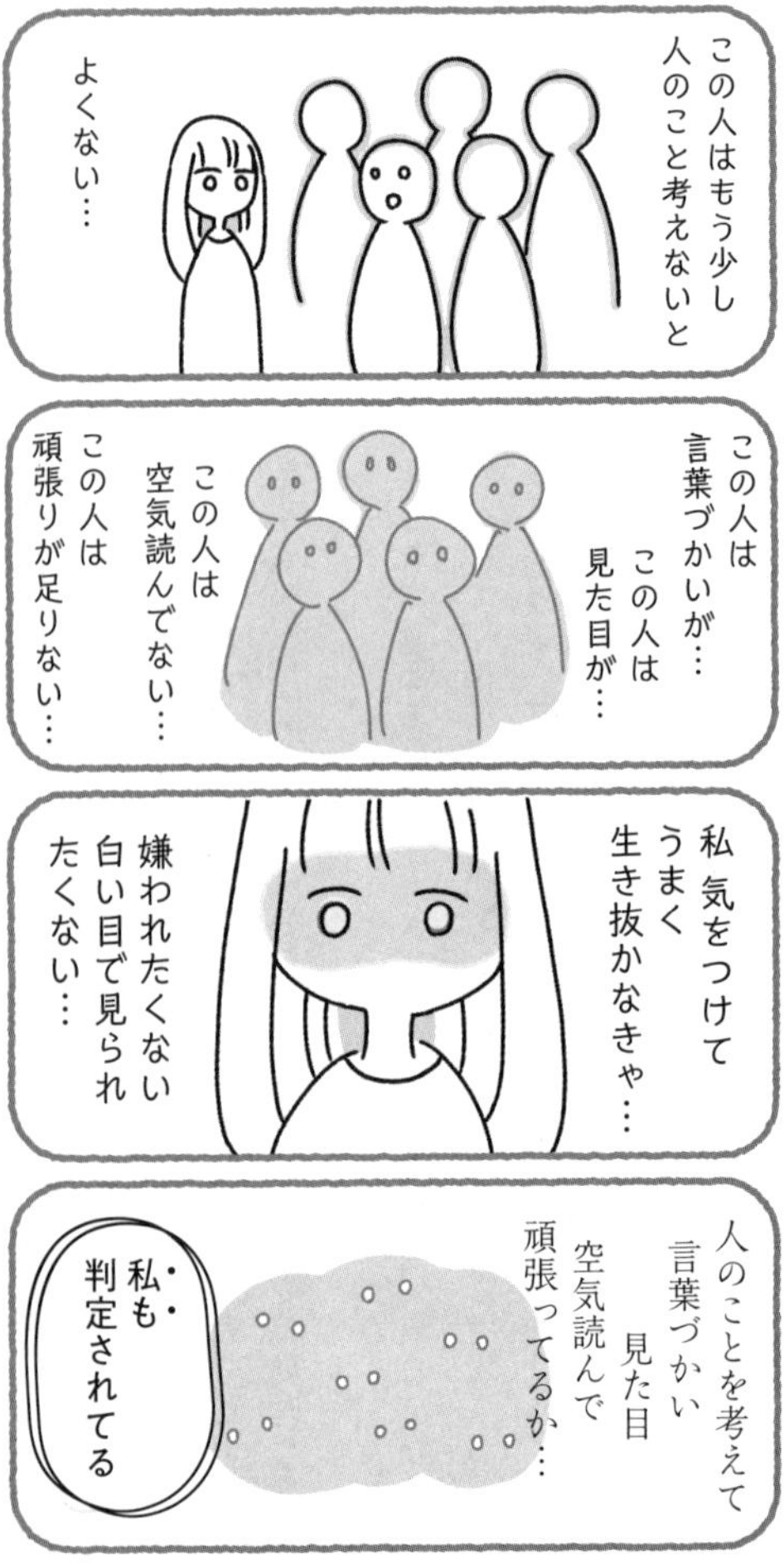
この人はもう少し
人のこと考えないと
よくない…
この人は
言葉づかいが…
この人は
見た目が…
この人は
空気読んでない…
この人は
頑張りが足りない…
私 気をつけて
うまく
生き抜かなきゃ…
嫌われたくない
白い目で見られ
たくない…
人のことを考えて
言葉づかい
見た目
空気読んで
頑張ってるか…
・・
私も
判定されてる

人の目が気になる……、その「人の目」は、驚くほど「自分の目」です。つまり、**人の目が気になる人は、自分が人を見すぎている人**なんです。

どう見ているかというと、「～しなければならない」「～してはいけない」という自分ルールで、人を判定しています。

ちゃんとしなきゃいけない、努力しなきゃいけない、やさしくしなければならない、よく考えなければいけない、迷惑かけちゃいけない、下手ではいけない……。このような自分の物差しで、人に○×をつけます。

「こんなこともできないあの人はダメだ」「あんなのはおかしい」「そんなんじゃ生きていけないよ」「もっとこうだよ」などと、頭の中で人を裁いていませんか？

子どもの頃から培ってきた「ああなると苦労するよ」「こうしなさい」という教えに忠実に、認められるため、嫌われないために頑張ってきたんですよね。

でも、もう十分です。ゆるめていい。**自分が感じるまま選んですることを、もっと信じて大丈夫**です。

ジャッジ（評価・判定）を減らす

PERSONAL TYPE

50

「いい・悪い」を決めたくなる人

あの人は私より上…
あの人は私より下…
待って
人間に上・下ってないよ
あの人のことどれだけ知ってる？
価値の置き方・持っている性質・生きてきた歴史・選択の仕方・好み…
あるのは優劣でなく「違い」
みんな違うから発展の可能性が広がる
君もそう
上下優劣、競争することやめていこ♪

不安な人は、人のことを「上・下」「優・劣」「勝ち・負け」で判定します。

自信がある人はいい・自信がない人はダメ。見た目のいい人が上・見た目のよくない人は下。結婚している人が勝ち・していない人が負け……。

こんな風に人を上・下で見るのは、自分が〈格上〉になって安心したい、生涯を保証されたいから。私は正しい、大丈夫だと思いたい。そして、ほかの人にとって「どうでもいい存在」になりたくない。不安で、孤独になることが怖いのです。

人間性や人の状態は「違い」であって、そこに上下はありません。技術の習得度も「未熟・成熟」であって、人間性の上下はありません。タテの物差しで測らず、ヨコにしてほしいのです。

元気がなくても○、ネガティブも○、下手も○、緊張するのも○、不健康も○、こじらせていても○。オールOK。「イヤ」だから「悪い」のではありません。

「変えるべき」なのではなく、**「変えたい」のか、「よくしたい」のかを決めるのは、本人の選択**です。

タテに置いている物差しを〝ヨコ〟にしてみる

PERSONAL TYPE

51

人の話を奪ってしまう人

知り合いがね
この前雑誌に
載ったの
みてみて
あ
うちは親戚が
テレビ出たよ!
そっか
こういうの
嬉しいよね
うーん
もう何回もだから
すごいとも思わなく
なったな…
…
でもテレビ取材
って準備
大変みたいでさ
相手のこと
受け止めず
会話を
奪っちゃってること
多くない?

安心感がない人ほど、相手に共感することや寄り添うことができません。単純に、「経験上、共感のやり方を知らない」「慣れていないからできない」ということもあります。

共感をひと言でいうと、**「相手の関心に関心を持つこと」**。相手を外から見るのではなく、相手の中に入り、「相手と同じものを見るイメージ」です。言葉でいうと、「そっか」「なるほど」「そうなんだ」「~よね、~だよね」「いいね」「ウンウン」など、相槌《あいづち》を使うことで相手を肯定し、その気持ちをいったんキャッチします。

人は「自分を受け入れてくれた」「わかってくれた」という安心がないと、別の意見やアドバイスを聞きづらくなる生き物。ですから、**人にも自分にもまず寄り添うことが大切**です。

それから、「どんなこと？ もう少し教えて」「具体的には？」「ほかには？」「たとえば？」「いつから？」「こういう認識で合ってる？」などと掘り下げてもいいですし、「それならこっちは？」「私が思ったのは……」と提案や意見につなげてもいいです。

相手の話は、まず「聞き入れる」

PERSONAL TYPE
52

「良好なコミュニケーション」ができない人

自分自身との関係も含め、対人関係のコミュニケーションが苦手だと悩む人は多くいます。また、自分はコミュニケーションが得意だと思い違いをしている人もいます。

ここで改めて、「良好なコミュニケーションとは何なのか」をチェックしてみましょう。

コミュニケーションの基本は、思いや意見を相手と「シェアすること」です。そのうえで、「本音も言えるし、協力し合える関係」が目標になります。

大切なので心に留めておきたいのは、〈勝つことが目的ではない〉ということ。

言葉にして互いに共有し合ったあとで、「譲り合って折り合いをつける」か、または「人は人、私は私」と割り切るかに着地します。

時々、このような基本を確認するといいです。

「伝える・責める・遠回し・我慢」、あなたはどのパターンが多いでしょうか？

口下手でもいい。できるだけ敬意を持って「伝える」ことで、いい関係が育ちますように。

「ごまかさず伝えるコミュニケーション」を増やそう♪

PERSONAL TYPE 53

ギリギリまでやらない人

そのままで放っておいてもなんとかなってしまうから、後回し・先延ばしにしてギリギリまでやらない人がいます。

「もっと気持ちが乗ったら始めよう」「準備万端になったらやろう」「ベストな答えがわかったら」「時間が十分取れたら」……と〈たら・れば〉の条件をつけて、なかなか始めない。完璧主義者であるほどこの傾向は強く、うつになりやすくもあります。

本当は、やればできる。**ある程度できてしまう能力もパワーも方法も、もうある**のです。それを抑え込んで、退屈、暇、不安、羨《うらや》ましいにエネルギーを注いでいるかもしれません。だとしたら、もったいない！

「やってガッカリ」があるとしても、「やらなくてウンザリ」よりはマシですよね。

人間は不都合なことに、心の中の優先順位が高いことほど、やるのが怖いんです。だから、怖いことほど勇気を出して経験するといいです。

完璧じゃなくていい。傑作をつくろう、満場一致を目指そう、と思わなくていい。「案ずるより産むが易し」。三十点や六十点でも、自分のために始めていきましょう。

やりたいことは「軽やかに」やってみよう

PERSONAL TYPE 54

「怖い」と恐れる人

不安だから聞いて?
いいよーどうしたの
もし私がしたことでまわりにも迷惑がかかったらと思うと…怖くて
そっか自分が責任を持つのは怖いよね
まだ知らない未来も…
そう…責任と先がわからないことが怖いんだ私ヘタレだよね…
ううん
誰だって怖いと思うことなんだ
よく立ち向かってるね
そうなんだ…わかったら…不安が減ったかもちょっとだけど
すっばらしい♪
1でも2でも減ったらOK

「怖い」という感情が心を不安にさせます。怖い＝安心安全の欠如だからです。

この「怖い」という感情はゼロにはできません。生命を脅《おびや》かすような危険から本気で逃げる必要もありますから、人間になくてはならない大切な機能です。

ただ、「不安」と「恐怖」は違います。「不安」は漠然としているもの、「恐怖」は対象がはっきりしているものに抱く感情です。

何も見えない暗闇では、なすすべなく怯えるしかありませんが、その中にある障害となっているものが特定できると、もう少し判断力を取り戻せます。

そのために、人が持って当たり前の恐怖をいくつか予《あらかじ》め把握しておくといいです。

①不完全の恐怖 ②変化の恐怖 ③未知の恐怖 ④失う恐怖 ⑤責任の恐怖
⑥拒絶の恐怖 ⑦間違う恐怖 ⑧批判の恐怖 ⑨成功の恐怖 ⑩高い水準を保つ恐怖

自分がどういうことを恐れているのか見つけてみてください。

不安だ不安だと立ちすくむよりも、「不完全が怖いよね……」と具体的に認めた方が、自分を扱いやすくなります。

まずは、「何に恐れているか」を把握してから

PERSONAL TYPE 55

それでも「不安がなくならない」人へ

どうしよう…
ダメだ
この先きっと
うまくいかない
もっと
自信を持ちたい
こういうときは
「もっと～しなきゃ」
「～したい」も
禁止だよ
これから初めて
出合っていく
未来は不安
だよね
でも見て
ここまで
進んできたの
よく頑張って
きたよ
君には力が
あるんだ
大丈夫

不安になるときは、意識が未来に偏っています。

だから、現在や過去に目を向けてみましょう。これまで自分が生きてきた道を見てみてほしいのです。

あの瞬間。あの年月。一〇〇パーセント頑張ったといえないかもしれません。それでも、自分なりに相手や環境や状況に応じて、精いっぱいやってきました。どうにかなってきたのです。

「いいえ、自分は何も頑張ってこなかった」という人は、まわりに合わせて誰かにイヤな思いをさせないようにと、我慢や喜ばせることを頑張ったのではないでしょうか。「よく頑張ってきたよ」「よく頑張ってるよ」。そう自分に、声をかけてあげてほしいです。ここまで来た自分がいて、ここまで来られた力があります。

不安なときは、自分の労をねぎらうだけで何もしなくていい。できないことは「できないよね」で終わり。**もっとよくしようの前に、まずは落ち着くこと。**

大丈夫、息をするだけでいい。明日の自分のために、今日の自分を許してあげて。

「今できること」を、ゆっくり長く続けよう♪

Kii's Message

空想で不安にならず、「具体化」してみる

「不安」と「恐怖・心配」は違います。不安は漠然としていますが、「恐怖・心配」は「これが怖い」という風に、何に怯えているかが具体的になっています。不安を分解すると「恐怖・心配」が現われます。

不安＝過去のイヤな思い出※＋未知への恐怖・心配

※人から見聞きしたことを含める

実は、不安は恐怖を煽《あお》られて植えつけられているものが多いです。「怖がらせた方が頑張るから（親）」「怖がらせた方が購入する人が増えるから（メディア）」「怖がらせた方が入念になるから（自分）」。

さて、あなたの恐怖は本当に現実になるのでしょうか。実際には心配事の八五%は起こらないということが、アメリカのロバート・リーヒ博士によって検証されています。

不安を感じることで、恐ろしい妄想に取り憑《つ》かれることがあるかもしれません。そんなときは、「何が恐怖？」「どうなると心配？」と自分に聞いて正体を明らかにしてみてください。

きっと大丈夫！
君は大丈夫♪

エピローグ

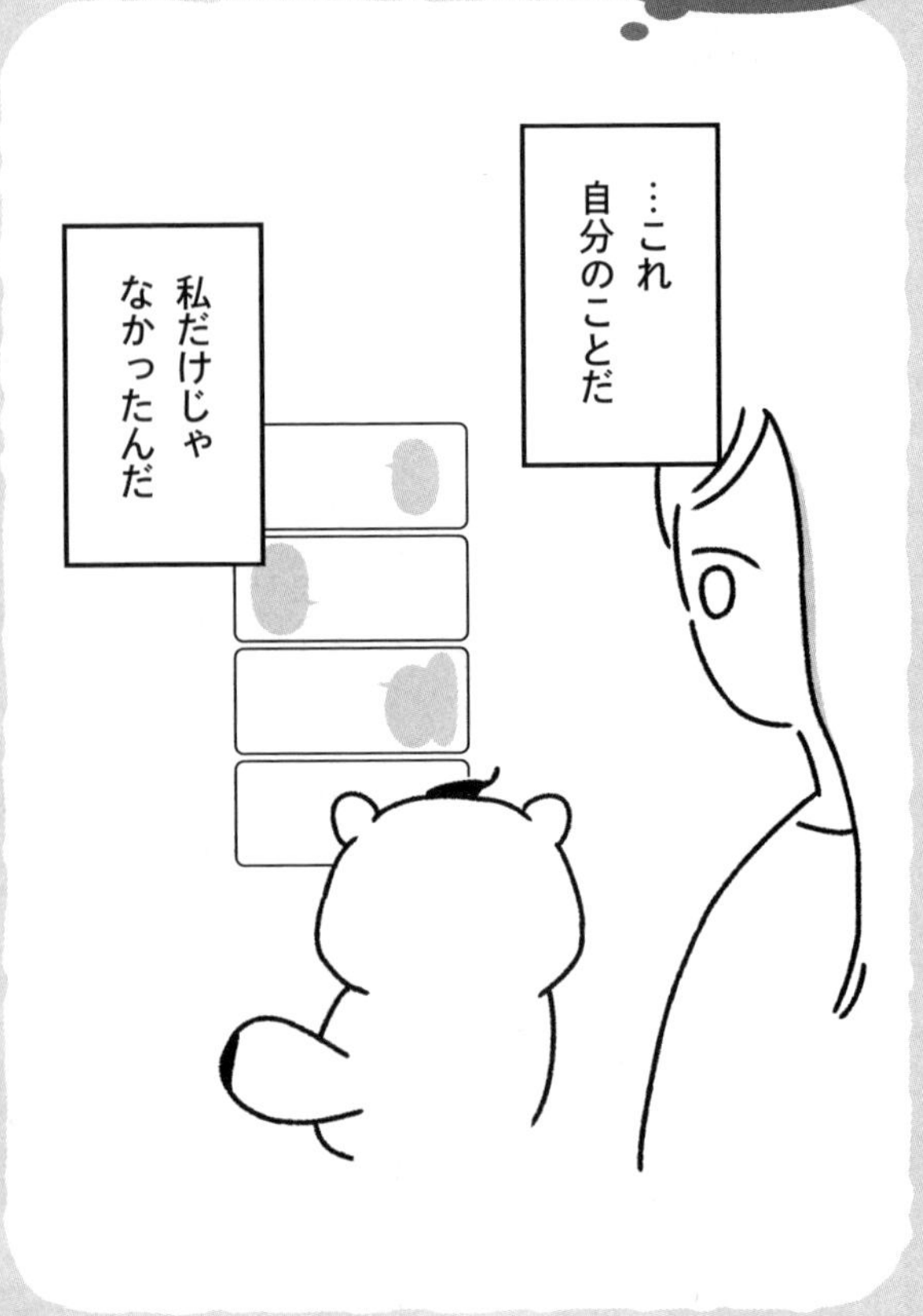

ずっと　別の誰か
みたいに
ならなくちゃって
思ってたけど
私は
私でいいの?

そう　誰が
どう思ったって
君の本質が
素晴らしいことは
変わらないんだ

大丈夫
そのままでいいよ
人と違っていい
それから　この先
好きに輝くことを
願ってるね

おわりに

ちょっぴりでも「前向きになれる気持ち」が湧いてきますように

私が心を回復するまでの道のりで、いかに自分が心を「知らなかった」か、勘違いや思い込みの「心のクセにとらわれていたか」を思い知りました。

「人は考え方でできている」

どこかで見聞きした言葉ではないでしょうか。

実際にその通り、自分自身の「思考グセ」というのが私の苦しみの大きな原因でした。けれども、習慣をすぐに手放すのは、一筋縄ではいかないことも多かったです。

「考え方を変えればいい」といっても、そこには時間と経験、行動する思い切りが必要。トラウマや重度の心の傷を負っている方は、本書を読むことのみならず、自分の心と向き合い、癒やすために専門家の手助けが必要だとも思います。

改めてまとめると、「メンタルの回復と成長のためにやること」のキーワードは次の三つです。

〈自己肯定（ありのままの自分を理解し受け入れる）〉
〈境界線を引く（自分と他者を分ける）〉
〈自立（自分が決めてやっていく）〉

最初から結果を出そう、激変しようと志を高く持つ必要はありません。必ずしなければダメということでもなく、**「努力目標」、「練習」くらいの心持ち**でいてください。心によい効果をもたらすかどうかは、ケースバイケースだからです。

「一〇〇点じゃない自分はかわいくない！」と思わず、一つでもできれば自分を褒める。自分には「解決できる力がある」と信じてください。

この本をきっかけに、ちょっぴりでも「前向きになれる気持ち」が湧いてきたと思っていただければ、これ以上の喜びはありません。
――大切な命と共に、皆さまの人生が楽しくありますように祈っています。

きい

本書は、KADOKAWAより刊行された『しんどい心にさようなら　生きやすくなる55の考え方』を、文庫収録にあたり加筆・改筆・再編集のうえ、改題したものです。

「しんどい心《こころ》」がラクになる本《ほん》

著者　きい
監修者　ゆうきゆう
発行者　押鐘太陽
発行所　株式会社三笠書房
〒102-0072 東京都千代田区飯田橋3-3-1
電話　03-5226-5734（営業部）03-5226-5731（編集部）
https://www.mikasashobo.co.jp
印刷　誠宏印刷
製本　ナショナル製本

 ISBN978-4-8379-3086-0 C0130

王様文庫

王様文庫

いちいち気にしない心が手に入る本

内藤誼人

対人心理学のスペシャリストが教える「何があっても受け流せる」心理学。◎「マイナスの感情」をはびこらせない ◎〝胸を張る〟だけで、こんなに変わる ◎「自分だって捨てたもんじゃない」と思うコツ……etc.「心を変える」方法をマスターできる本！

ふしぎなくらい心の居心地がよくなる本

水島広子

最近、自分に何をしてあげていますか？ いいことは「求めすぎない」「受け容れる」ときに起こり始めます。◎ヨガでも料理でも「今」に集中する時間を持つ ◎「勝った」「負けた」で考えない ◎誰かの話をただ聴いてあげる……いつもの日常をもっと居心地よく！

夜、眠る前に読むと心が「ほっ」とする50の物語

西沢泰生

「幸せになる人」は、「幸せになる話」を知っている。○看護師さんの優しい気づかい ○アガりまくった男を救ったひと言 ○お父さんの「勇気あるノー」 ○人が一番「カッコいい」瞬間……〝大切なこと〟を思い出させてくれる50のストーリー。

K30650